3·11 이후를 살아갈 **어린 벗들**에게

후쿠시마가 전하는 원전의 진실과 미래를 위한 제안

3·11 GO WO IKIRU KIMITACHI HE – Fukushima kara no message –
by Yoshimitsu Takuki

Copyright ⓒ 2012 by Yoshimitsu Takuki
All rights reserved.
First published 2012 by Iwanami Shoten, Publishers, Tokyo.
This Korean edition published 2014 by Dolbegae Publishers, Paju-si
by arrangement with the Proprietor c/o Iwanami Shoten, Publishers, Tokyo
through Korea Copyright Center Inc., Seoul.

3·11 이후를 살아갈 어린 벗들에게

— 후쿠시마가 전하는 원전의 진실과 미래를 위한 제안

다쿠키 요시미쓰 지음, 윤수정 옮김

2014년 3월 11일 초판 1쇄 발행
2018년 4월 30일 초판 3쇄 발행

펴낸이 한철희 | 펴낸곳 돌베개 | 등록 1979년 8월 25일 제406-2003-000018호
주소 (10881) 경기도 파주시 회동길 77-20 (문발동)
전화 (031) 955-5020 | 팩스 (031) 955-5050
홈페이지 www.dolbegae.co.kr | 전자우편 book@dolbegae.co.kr
블로그 imdol79.blog.me | 트위터 @dolbegae79 | 페이스북 /dolbegae

책임편집 권영민 | 디자인 이은정·이연경·강영훈
마케팅 심찬식·고운성·조원형 | 제작·관리 윤국중·이수민 | 인쇄·제본 상지사 P&B

ISBN 978-89-7199-593-8 44300
        978-89-7199-452-8 (세트)

책값은 뒤표지에 있습니다.

이 도서의 국립중앙도서관 출판시도서목록(CIP)은 e-CIP 홈페이지
(http://www.nl.go.kr/ecip)에서 이용하실 수 있습니다.(CIP제어번호: CIP2014005324)

3·11 이후를 살아갈 어린 벗들에게

후쿠시마가 전하는 원전의 진실과 미래를 위한 제안

다쿠키 요시미쓰 지음
윤수정 옮김

돌베개

들어가며

2011년 3월 11일, 후쿠시마 제1 원자력 발전소에서 사고가 일어났습니다. 우리 생활환경에 방사성 물질이 무참히도 퍼졌지요. 몇백 킬로미터 떨어진 수도권까지 방사성 물질이 날아들었고, 곳곳에서 아직도 심각한 일이 벌어지고 있습니다.

사고가 나고 한 달도 더 지난 2011년 4월 22일, 사고 원전에서부터 20km 안쪽 지역은 들어가기만 해도 법에 따라 처벌받는 '경계 구역'으로 지정되었습니다. 30km 안쪽은 긴급 상황 때 주민이 스스로 피난해야 하고 학교나 병원 같은 시설은 다시 열지 못하도록 금지된 '비상시 피난 준비 구역'이 되었고요.

반지름 20km, 30km 되는 원을 그렸을 때 넓이가 어느 정도나 되는지 상상이 되나요? 도쿄를 예로 들어 보지요. 도쿄 만에 인접한 매립지에 도쿄전력 시나가와 화력 발전소가 있습니다. 이것을 후쿠시마 제1원전이라 치고, 이를 중심으로 반지름 20km, 30km의 원을 그렸을 때 어디까지 이를까요? 우선 도쿄 도*23구는 반지름 20km 원 안에 쏙 들어갑니다. 더욱이 북으로는 사이타마 현 와코우 시, 동으로는

---

* 도쿄 도는 23구, 26시, 5정, 8촌으로 이루어져 있다. 이 중 23구는 특별구로서 880만 명이 사는 핵심 지역이다.

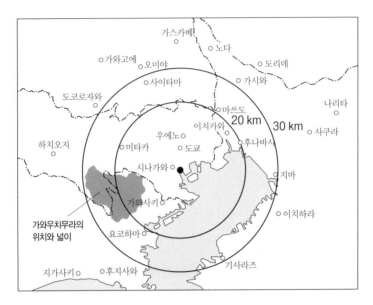

가와우치무라의
위치와 넓이

도쿄전력 시나가와 화력 발전소(●)를 중심으로 한 20km권과 30km권. ●을 후쿠시마 제1원전으로 가정하면 가와우치무라는 진하게 표시한 왼쪽 지역이다.

지바 현 후나바시 시, 서쪽은 도쿄 도 미타카 시까지 이릅니다. 23구 전역에 더해 지바 현, 가나가와 현의 일부까지 출입 금지 구역이 되어 발을 들여놓기만 해도 처벌받게 되는 것이죠.

　반지름 30km 원 안에는 기사라즈 시, 지바 시, 가시와 시, 사이타마 시, 도코로자와 시, 사가미하라 시가 들어갑니다. 도쿄뿐만 아니라 지바 현, 사이타마 현, 가나가와 현의 주요 도시에서 학교, 병원, 노인 요양 시설 들이 폐쇄되고 사람들은 '자율 피난'을 요구받게 되는 겁니다. 이 구역에 사는 주민은 1,000만 명이 훨씬 넘으니까 큰 혼란이 일어나리란 것은 말할 필요도 없겠지요.●

3·11 이후를 살아갈 어린 벗들에게

도청, 정부 기관, 수많은 기업들도 모두 출입 금지 구역에 들어가기 때문에 긴급 상황 시 일본은 국가 기능을 완전히 잃어버릴 것이며, 국내는 물론이고 해외에서 들어오는 물자도 끊길 겁니다. 그러면 수도권 주민은 방사능 피해 이전에 먼저 굶주림에 시달리게 되고, 혹시 폭동이 일어나는 게 아닐까 벌벌 떨게 될 테지요. 만약 원전 사고가 도쿄에서 일어났다면 틀림없이 그런 상황이 벌어졌을 테니, 먼저 이 사실을 기억해 두는 게 좋겠습니다.

후쿠시마에서 먼 데 사니까 상관없다며 원전 사고를 강 건너 불구경하듯이 대하는 사람도 있을지 모르겠군요. 그런데 그게 그렇지 않답니다. 그 사고로 인해 일본은 물론이고 온 세계가 방사능에 오염됐으니까요. 오염 정도 차이, 운이 좋고 나쁘고 하는 차이가 있을 뿐, 이것은 이미 돌이킬 수 없는 사실입니다. 또 방사능 유출 당시에 날씨와 풍향이 달랐다면 수도권이 지금보다 몇 배는 더 오염되어 아예 사람이 살 수 없게 됐을 수도 있지요. 이 정도로 끝난 건 어디까지나 운이 좋아서라고 할 수 있습니다.

2011년 3월 11일, 저는 후쿠시마 현 가와우치무라에서 대지진을 맞았습니다. 우리 집은 후쿠시마 제1원전에서 약 25km, 제2원전에서는 약 22km 떨어진 산촌에 있습니다. 가와우치무라의 면적은 도쿄 도

● 서울 여의도를 후쿠시마 제1원전이라 가정하고 반지름 20km인 원을 그리면 광명, 부천, 시흥, 군포, 안양, 과천, 성남, 구리, 고양, 김포의 전부나 대부분이 포함된다. 반지름 30km 원 안에는 인천, 안산, 수원, 의정부, 파주 대부분이 들어간다.

치요다 구의 17배쯤 됩니다. 그만한 넓이에 집은 1,000채도 되지 않습니다. 인구는 약 2,700명. 3월 11일 지진이 나기 전 통계입니다.*

마을에 변변한 슈퍼마켓이 없어서 주민들은 산을 넘어 이웃 후쿠오카마치와 오쿠마마치까지 장을 보러 다녔습니다. 20~30km 정도 떨어진 곳이죠. 교통편은 자가용뿐이고요. 이렇게 쓰니 말도 못하게 불편한 곳처럼 보이지만, 우리 부부는 불편이라곤 거의 모르고 지냈습니다. 저는 글도 쓰고 작곡도 하는데, 인터넷만 있으면 일이야 어디서든 할 수 있거든요. 작은 집이지만 자연에 둘러싸여 행복한 나날을 보냈답니다.

그런데 조용하던 생활이 확 바뀌었습니다. 후쿠시마 제1원전에서 방사성 물질이 유출된 탓입니다. 세슘, 스트론튬, 플루토늄, 시버트**, 베크렐, 감마선, 베타선, 알파선, 저선량 피폭, 내부 피폭……. 원전 사고 이후, 평소에는 쓸 일 없던 말이 날마다 넘쳐 났습니다. 요즘 화제에 자주 오르는 세슘137이란 방사성 물질은 반감기가 30년입니다. 30년이 지나야 방사능(방사선을 방출하는 성질)이 반으로 줄어듭니다. 60년이 지나야 겨우 1/4이 되고요. 60년 후에 우리는 몇 살이 되어 있을까요?

방출된 방사성 물질은 세슘만이 아닙니다. 플루토늄239는 폐에 달라붙으면 폐암을 일으키는 원인이 된다고 알려졌는데, 반감기가 약

---

* 가와우치무라의 면적은 197.38km²로 서울 면적의 1/3 정도다.
** 시버트[Sv]는 방사성 물질에서 나오는 방사선이 인체에 미치는 영향 정도를 나타낸다. 일반적으로 시버트의 1/1,000인 밀리시버트[mSv], 1/1,000,000인 마이크로시버트[μSv], 1/1,000,000,000인 나노시버트[nSv]를 많이 쓴다. 일반인의 연간 허용 피폭량은 1mSv다.

2만 4,000년입니다. 우라늄235는 7억 년, 우라늄238은 45억 년이나 되고요. 이미 인간이 파악할 수 있는 시간 범위를 넘어선 것이죠.

방사능을 과학적으로 없앨 방법은 없습니다. 할 수 있는 건 원인이 되는 방사성 물질을 이동시키거나 흩어 놓는 것뿐. 이것을 사람들은 '오염 제거'라고 부릅니다.

우리는 남은 평생을 원전에서 퍼져 나온 방사성 물질과 함께 살아야 합니다. 먹을 것에는 아주 적은 양일지라도 방사성 물질이 포함되어 있고, 어디를 가든 오염되지 않은 땅은 없습니다. 그 사실을 인정하고 앞으로 어떻게 살아가면 좋을지 생각해야 하는 상황입니다.

더욱이 잊어서는 안 될 일이 있습니다. 일본에는 고속증식로 '몬주'를 포함해 열여덟 곳에 55기나 되는 원자력 발전소가 있고, 각각의 발전소에는 까마득하게 긴 시간 동안 우리 생활환경에서 격리·보관해야 할 방사성 물질이 대량으로 존재합니다. 이것이 현실입니다. 지금 우리 생활에 침입한 방사성 물질은 없던 것이 새로 생겨난 게 아닙니다. 원래 있던 것이 사고로 인해 '벽 밖으로 나왔을 뿐'이지요. 앞으로 후쿠시마에 일어난 것 같은 엄청난 사고가 두 번 다시 일어나지 않더라도, 인류는 이미 지구상에 발생시킨 방사성 물질을 수만 년, 수억 년이라는 시간 동안 생활공간에서 격리한 채 보관하고 관리해야만 합니다. 그 일을 게을리하면 방사성 물질은 온 생활환경에 확산되어 오염을 일으키고 말 테니까요.

원자력 발전으로 이미 만들어 낸 방사성 물질을 관리하는 일은 우리 세대뿐만 아니라 우리 아이들과 손자, 증손자, 그 손자의 손자로

영원히 세대를 거듭하여 이어 가야 합니다. 갑자기 웬 위협이냐고 하겠지만, 과장이 아닙니다. 엄연한 현실이지요. 그리고 이것이 이 책의 출발점이기도 합니다.

솔직히 말하지요. 저는 원전이 언젠가 사고를 낼 것이라고, 설령 사고를 내지 않더라도 방사성 폐기물을 다 처리할 수 없게 될 거라고, 더 이상 안전하게 보관할 수 없게 되어 세계가 오염될 날이 닥칠 거라고 젊어서부터 확신했습니다. 처리할 수 없는 독극물을 계속 쌓아 두기만 하는 사업이 언젠가 망하리라는 건 '상식적으로 생각해도' 불 보듯 뻔한 일이니까요.

그런데 나이를 먹을수록 그 일을 생각하는 게 귀찮아졌습니다. 아무리 설명해도 귀 기울이는 사람은 적고, '원전 반대자'라는 딱지가 붙어서 일을 하기 힘들어지는 경우도 흔했습니다. 그래서 '언젠가는 망할 거야. 하지만 이왕이면 내가 죽은 다음에 그래 다오.' 하는 마음이었습니다. 그러나 살아 있는 동안에 '그 일'이 일어나 버렸습니다. 그것도 바로 코앞에서.

이렇게 필요도 없고 없앨 수도 없는 유산을 떠안게 될 줄 알면서 왜 이 나라는 원자력 발전을 밀어붙여 왔을까요? 잘못된 '국책'을 왜 막지 못했을까요? 지금 이것을 똑바로 이해해 놓지 않으면, 우리는 또다시 같은 잘못을 반복할 겁니다. 이만한 잘못을 저지르고도 아무런 반성과 대책 없이 같은 일을 반복한다면, 그보다 한심한 일은 없겠지요.

제가 죽은 다음에 일어날 거라고 생각했던 일이 지금 일어났습니다. 이제는 시간이 별로 없을지도 모릅니다. 그러니 제가 아는 것을 숨김없이 쓰겠습니다. 이 책을 손에 든 여러분에게 부탁이 하나 있습니다. 이 책을 읽을 때는 일단 '상식'이나 '이상적인 상'을 버리고 머릿속을 백지처럼 깨끗이 비워 주기 바랍니다. 오염 제거나 부흥, 신에너지처럼 지금 한창 화제가 되고 있는 말들에 대해 어렴풋이나마 나름대로 떠올리는 이미지가 있을 테지요. 그것을 모두 지워 버리고 나서 문제를 바라보세요. 이것은 정의로운 영웅이 악의 무리를 쓰러뜨리는 것처럼 간단한 이야기가 아니기 때문입니다.

이 이야기의 밑바탕에 깔린 것은 인간의 욕심과 허약함입니다. 누구나 이 두 가지를 갖고 있습니다. 완전히 버릴 수는 없지요. 그렇다고 해서 이 문제를 똑바로 마주 보지 않고 변명만 하며 나이를 먹다 보면, 점점 돌이킬 수 없어집니다. 끝내는 뭐가 문제였는지조차 잊어버리고 말겠지요. 그렇게 되기 전에 한 번쯤 같이 생각해 봅시다.

그럼 이제 시작하겠습니다.

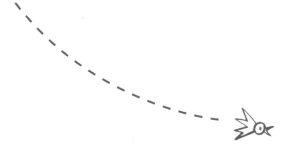

차례

들어가며   5

1장   그날, 무슨 일이 일어났을까   15

2장   일본은 방사능 오염 국가가 되었다   49

3장   무너진 커뮤니티   71

4장   원자력의 정체   99

5장   방사능보다 무서운 것   125

6장   에너지 문제의 거짓과 진실   149

7장   3·11 후의 일본을 산다   183

남은 이야기   207

사진 **다쿠키 요시미쓰**

1장. 그날, 무슨 일이 일어났을까

절대로 정전되면 안 되는 곳

2011년 3월 11일. 그날 오후, 이웃집 개 존을 데리고 평소보다 일찍 산책을 다녀오는 길이었습니다. 집 앞에 왔을 때 그 무서운 지진이 덮 쳤습니다. 흔들리는 우리 집을 존과 함께 멍하니 바라보았지요. 엄청 나게 흔들렸지만 집이 폭삭 무너지지는 않을 거라고 믿었습니다. 아 부쿠마 산지는 지층이 오래된 암반층이어서 지진에 강하다는 얘길 들 은 데다가, 조그만 단층집이 겉으로는 허술해 보여도 투바이포● 공법 으로 지어서 주저앉을 일은 없다고 생각했거든요. 긴 지진이 지나간 뒤 집을 점검해 보니 역시 무사했습니다. 유리창이 깨지거나 벽에 금 이 간 곳도 없었지요.

살았다…….

지진 직후에 정전이 되긴 했지만 금방 복구되었고, 그 뒤로도 정전 이 오래 계속된 적은 없습니다. 휴대전화는 전파가 끊겼는지 통화권 이탈이라고 표시되었지만 집 전화는 연결되었고, 인터넷과 텔레비전 도 평소대로 쓸 수 있었지요. 그래서 당황하지 않고 그날은 정보를 모 으며 지냈습니다.

무엇보다 원전이 걱정이었습니다. 우리 집은 후쿠시마 제2원전에 서 직선거리로 22km, 제1원전에서는 25km쯤 떨어진 곳에 있어서, 방사성 물질이 새어 나오면 곧장 도망쳐야 했으니까요.

● two-by-four: 기둥을 세우지 않고 두께 2in[인치], 너비 4in, 미터법으로 환산할 경우 두 께 약 5cm, 너비 약 10cm의 각재만 써서 집을 짓는 방법. 시공이 간단하지만 내진성이 높다.

그러나 지진 직후에 두 원전 모두 자동으로 정지되었다는 보도가 나왔고, 그리 쉽게 방사능이 새지는 않을 거라고 생각했습니다. 아니, 쉽게 새어서는 곤란하다며 믿으려 애썼지요.

처음에 그처럼 낙관적이었던 것은 우리 집에 물질적 피해가 거의 없었던 탓이 큽니다. 아무것도 망가지지 않았고 정전도 일어나지 않아서 평소처럼 생활할 수 있었으니까요.

가와우치무라에는 처음부터 수도가 없었습니다. 모든 집이 자비를 들여 우물을 파거나 계곡 물을 끌어다 썼기 때문에 물을 길어 올리는 펌프만 움직이면 물이 끊길 일은 없는 것이죠. 도시가스가 아니라서 가스도 끊길 일이 없고, 많은 집이 겸업농가[농사 이외에 다른 일을 겸하여 하는 농가]여서 채소와 곡류도 풍부하게 비축되어 있지요. 사람이 드문드문 사는 인구 과소 지역이어서 집단 공황에 빠질 일도 없고요.

텔레비전으로 해안 지역의 처참한 상황을 보면서, 우리 동네는 재해에도 끄떡없어서 다행이라 여겼습니다. 우리 집이 이렇게 평온하니까 이웃 읍에 있는 원전도 별 피해가 없을 거라 믿었습니다. '튼튼하게 지었을 테니 원전이 이 정도 지진에 무너질 리 없어. 절대로 정전 따위 일어나지 않게 전원도 3중 4중으로 방비해 놓았을 거야. 충격을 좀 받는다 해도 방사능 누출 사태까지는 이르지 않을 거야.'라고 생각했지요. 그런데 이튿날 아침, 텔레비전에서 어처구니없는 소리가 흘러나왔습니다.

"……후쿠시마 제1 원자력 발전소에는 비상용 전원이 작동하지 않아……."

귀를 의심했습니다. 비상용 전원이 작동하지 않는다는 것은, 평소에 쓰는 전원은 이미 못 쓰게 되었고 비상용 전원으로 교체하려 했지만 그마저 작동하지 않았다는 뜻입니다. 즉, 모든 전원을 쓸 수 없다는 것이죠. 원전 내에서 완전한 정전이 일어났다? 설마! 그럴 리가 없어! 잘못 안 거라고 생각하고 싶었지만, 만약 사실이라면 원자로가 폭주해서 폭발할 수도 있는 상황이었습니다. 그렇게 되면 국토 전체가 방사능에 오염되어 일본은 망할지도 모르는 거죠.

1986년에 체르노빌에서 원자로가 폭발했을 당시엔 구소련뿐만 아니라 멀리 북유럽과 독일까지도 상당히 오염되어 오랫동안 농업과 축산업에 큰 피해를 입었습니다. 그 범위에 일본 열도를 적용시켜 보면, 열도 전체가 빠짐없이 포함됩니다. 일본처럼 땅덩어리가 좁은 나라에서 심각한 원전 사고가 나면 어디를 가든 피폭당하고 토지가 오염되어 정상적으로 살 수 없게 되리라고, 체르노빌을 보면서 뼈저리게 깨달았지요. 그런데 그 일이 지금 눈앞에서 벌어지고 있다니! 거짓말……

공포와 불안 속에서 생각을 정리하려던 참에 인터넷과 전화가 먹통이 되었습니다. 정전은 되지 않아서 텔레비전은 볼 수 있었지만, 발신 수단을 빼앗긴 겁니다. 피난을 가야 하나 말아야 하나 생각하고 있는데, 텔레비전에서 충격적인 영상이 흘러나왔습니다. 후쿠시마 제1원전 1호기가 폭발하는 모습이었습니다. 그야말로 등줄기가 오싹했지요.

지금 폭발한 건 뭐지? 만약 원자로 본체가 폭발한 거면 이제 끝장이야. 여기 있으면 안 돼. 방사성 물질이 바람을 타고 날아오기 전에 바람이 불어오는 쪽으로 도망쳐야 해. 그렇게 한다 해도 완전히 피할 수 있을지…….

전날부터 기상청 사이트와 일기예보 사이트를 계속 열어 놓고 풍향을 점검했습니다. 바람이 바다 쪽으로, 즉 우리 집에서 원전 쪽으로 불고 있었기 때문에 조금은 침착할 수 있었지요. 그런데 인터넷이 연결되지 않으니 풍향이 어떻게 바뀌었는지 확인할 방법이 없었습니다. 더구나 눈앞에 흐르는 폭발 영상이 한참 전 모습이란 걸 알고는 더욱 충격을 받았습니다.

시계를 보니 조금 뒤면 오후 5시. 텔레비전에 따르면 폭발이 일어난 건 오후 3시 반. 제기랄! 한 시간 반이나 지났잖아!

나중에 안 일인데, 이때 고정 카메라로 폭발 영상을 찍은 '후쿠시마 주오 TV'는 대형 방송사이자 계열사인 '니혼 TV'에 곧바로 보도를 요청했다고 합니다. 하지만 니혼 TV 뉴스 편집부장이 "기다려라. 확인하는 게 먼저다."라고 지시를 내린 탓에 한 시간 넘게 덮어 두었다는군요.*

화면 속 영상이 한 시간 반 전 영상이라는 사실을 알게 되자 몹시 당황스러웠습니다.

폭발이 지금 일어난 거라면 침착하게 피난 준비를 할 수 있어. 하지만 한 시간 반이나 지났으니 이미 늦었는지도 몰라! 엄청난 방사성

---

* 일본에서는 독립된 지방 방송국들이 네트워크를 구성하여 서로 방송을 교환한다. 후쿠시마 주오 TV와 니혼 TV는 본사나 지사가 아니라 이렇게 같은 네트워크에 속한 관계이다.

3·11 이후를 살아갈 어린 벗들에게

물질이 집을 뒤덮어서 이러는 동안에도 대량 피폭을 당하고 있는지도 몰라!

그렇게 생각하자 심장이 미친 듯 뛰었습니다. 그럼에도 텔레비전에서는 '오후 6시에 수상 관저에서 발표가 있을 예정'이라는 내용만 보도되었습니다. 도망칠 준비를 하면서 방송을 기다렸지요.

"오래 기다리셨습니다. 이미 보도되었듯이 후쿠시마 제1 원자력 발전소에서, 그러니까 말입니다, 원자로 그 자체, 라는 것은, 지금은 확인되지 않았지만, 아, 어떤 폭발 현상이, 있었다, 하는 것이, 보고되었습니다. 에에, 현재, 아까 열린 당수 회담 이후, 에에, 총리, 그리고 경제산업성 장관을 포함해, 에에, 전문가가 참여해, 에에, 상황 파악, 그리고 분석, 대응에, 현재, 전력으로 임하고 있습니다……."

오후 6시. 두 시간의 지연 끝에 수상 관저에서 열린 관방장관˚ 회견은 이런 식으로 시작되었습니다. 듣자마자, 우리가 완전히 버려졌다는 걸 깨달았지요.

이제 누구의 말도 믿어서는 안 된다. 내 눈으로 보고 내 머리로 생각해서 움직여야 한다!

"갑시다!"

아내와 함께 마스크와 모자를 쓰고, 서둘러 차를 몰아 마을을 빠져나왔습니다.

˚　관방은 정부의 내부 관리와 사무 행정을 총괄하는 조직이며, 이 조직의 수장인 관방장관은 국무위원을 겸한다.

1장. 그날, 무슨 일이 일어났을까

〈홋카이도 지방〉
1. 홋카이도

〈도호쿠 지방〉
2. 아오모리 현
3. 이와테 현
4. 미야기 현
5. 후쿠시마 현
6. 야마가타 현
7. 아키타 현

〈간토 지방〉
8. 이바라키 현
9. 지바 현
10. 가나가와 현
11. 도쿄 도
12. 사이타마 현
13. 군마 현
14. 도치기 현

〈주부 지방〉
15. 니가타 현
16. 나가노 현
17. 야마나시 현
18. 시즈오카 현
19. 아이치 현
20. 기후 현
21. 후쿠이 현
22. 이시카와 현
23. 도야마 현

〈간사이 지방〉
24. 시가 현
25. 미에 현
26. 나라 현
27. 와카야마 현
28. 오사카 부
29. 효고 현
30. 교토 부

〈주코쿠 지방〉
31. 돗토리 현
32. 오카야마 현
33. 히로시마 현
34. 야마구치 현
35. 시마네 현

〈시코쿠 지방〉
36. 가가와 현
37. 도쿠시마 현
38. 고치 현
39. 에히메 현

〈규슈 지방〉
40. 오이타 현
41. 미야자키 현
42. 가고시마 현
43. 구마모토 현
44. 나가사키 현
45. 사가 현
46. 후쿠오카 현
47. 오키나와 현

3·11 이후를 살아갈 어린 벗들에게

주에쓰 지진에 이은 두 번째 대재해

도망치는 동안 차에 라디오를 계속 켜 두었습니다. 폭발은 압력용기(원자로 본체)나 격납용기(원자로 본체를 감싸고 있는 방호벽)가 아니라 가장 바깥쪽에 있는 건물에서 일어난 듯하다는 보도가 나왔습니다. 하지만 이미 정부와 도쿄전력이 하는 말은 콩으로 메주를 쑨대도 믿을 수 없었지요. 최악의 상황에 대비해 어떡하든 멀리 도망칠 수밖에요.

그런데 폭발한 지 두 시간 반이나 지나도록 수상 관저에서는 무슨 일이 일어났는지 정말 몰랐던 걸까요? 나중에 차츰 알게 됩니다만, 이 시점에는 정말로 도쿄전력 본사에서조차 무슨 일이 일어난 건지 정확히 파악하지 못했던 모양입니다.

12일 밤은 시라카와 시 외곽에 있는 진구지라는 절에 묵고, 다음 날 아침에 가와사키 시에 있는 옛 작업장으로 향했습니다.* 낡은 목조 연립주택의 한 귀퉁이인데, 30대 때 융자를 받아 구입했지요. 짐이 잔뜩 쌓여 있고 건물도 기울어졌지만, 비상시에 피난처로 쓰려고 그냥 비워 둔 상태였습니다.

우리 부부는 이미 한 번 집을 잃은 적이 있습니다. 2004년 10월 23일, 니가타 현 주에쓰 지진 때였지요. 가와우치무라에 집을 사서 이사한 것도 주에쓰 지진 때문이었고요. 어떻게 된 일인지 설명을 좀 하

---

* 후쿠시마는 동북 해안 쪽에 있으며, 가와사키 시는 남서쪽으로 내려와 가나가와 현 북동쪽 도쿄 만에 자리하고 있다.

자면 이렇습니다.

제 인생 목표는 인정받는 작곡가가 되어 세계를 무대로 활동하는 것이었습니다. 몇 번 기회가 있었지만 번번이 실패하고, 30대에 들어설 무렵에는 이대로 성공도 못한 채 인생을 끝낼지 모른다는 공포를 매일 곱씹어야 했습니다. 하루하루 불행하다고 느끼며 나이를 먹는 것만큼 불행한 일이 또 있을까요? 그래서 그때까지와 조금 다른 데서 행복을 찾기로 했습니다. 정확히 말하면, 마음속에 이전과 다른 행복을 설정해 인생에 이중으로 보험을 들어 놓자는 약삭빠른 생각을 했던 거지요.

음악으로 성공해 원 없이 돈을 벌고 칭송받는 것은 어떻게 보면 '도시적 행복'입니다. 솔직히 음악만 따진다면, 이미 어느 정도 만족스러운 작품을 만들었다고 자신할 수 있습니다. 그런데도 전혀 행복하지 않았던 건 남에게 인정받지 못했기 때문입니다. 많은 사람이 알아주고 지지해 주지 않아서 불행하다고 느꼈던 겁니다. 그런데 다수에게 인정받고 유명해지고 돈이 굴러 들어오는 행복은 인류 역사에서 극히 한정된 시대에만 누릴 수 있었던 일입니다. 텔레비전이나 라디오 또는 녹음기가 없던 시절에는 음반이 100만 장이나 팔릴 정도로 인기를 얻거나 온 세상 사람이 다 아는 작곡가가 된다거나 하는 영예도 없었을 테니까요.

어쩌면 진짜 행복은 도시에는 없을지도 몰라! 그 사실을 깨닫고는, 록폰기힐즈 같은 번화가에 넓은 스튜디오를 내고 일류 뮤지션들을 불러 모아 음악을 하는 것과는 다른 행복을 추구해 보기로 했습니다.

그래서 1992년 11월, 니가타 현 기타우오누마 군 가와구치마치 깊은 산속에 허름한 목조 가옥을 구입했습니다. 현재는 나가오카 시에 통합되었는데, 겨울이면 눈이 몇 미터나 쌓여 모든 걸 묻어 버리는 곳이지요. 집이라곤 스물 몇 채밖에 없는 동네에서 가장 안쪽에 자리한 그 집은, 토지가 1,445m²[약 438평]나 딸려 있었습니다. 커다란 2층 건물에는 다다미 여덟 장짜리 일본식 방 네 개에 일곱 장 반짜리 거실 겸 부엌, 일곱 장짜리 다락방까지 있었지요.[다다미 한 장은 90×180cm.] 집값은 280만 엔.[1엔은 약 10원.] 좀 비싼 승용차 한 대 값으로 토지가 딸린 집을 사다니 놀라운 일이죠? 눈이 많이 내리는 지역의 부동산 값이 원래 그렇답니다. 저는 그 집 이름을 '다누파크 에치고'라고 지었습니다. 나중에는 완전히 그 집으로 옮겨서 남은 생애를 보낼 생각이었지요. '다누파크'는 제가 창설한 음악 회사의 상호이자 사무소 이름입니다. 당시에 같이 살았던 너구리 이름이 '다누'여서 다누파크가 되었지요.●

그 뒤 12년 동안 가와사키 시에 있는 연립과 '다누파크 에치고'를 오가며 생활했습니다. 전동 톱과 망치를 들고 직접 집을 고치기도 하고 새로 짓기도 했지요. 12년이 지났을 때는 그 지역에 맞는 어묵 모양 차고도 갖추었습니다. 밖에 차를 뒀다간 하룻밤 새에 눈에 파묻히기 때문에 그 지역에서는 그런 차고가 필수죠. 작은 사륜구동 차도 장만했습니다. 집 앞 언덕은 사륜구동이 아니면 올라갈 수 없기 때문에

●　일본어로 너구리를 '다누키'라고 한다. '에치고'는 니가타 현의 옛 이름이다.

이 또한 필수였습니다. 이로써 겨울에도 문제없다고 생각했습니다. 그러던 차에 그 일이 벌어졌지요. 2004년 10월 23일, 진도 7의 주에쓰 지진이 일어나 모든 걸 잃은 겁니다. 새 희망을 찾아 후쿠시마 현 가와우치무라로 이사한 건 그 직후입니다. 주에쓰 지진이 없었다면, 우리는 가와우치무라에 오지 않았을 테지요.

가와사키 시 연립으로 피난 가는 차 안에서 저는 주에쓰 지진을 떠올렸습니다.

또야……

이제 가와우치무라에는 못 돌아갈지도 몰라. 아니, 원전 상황에 따라 이제 일본은 끝장일지도 몰라. 그때는 그런 각오까지 했습니다.

'예측 밖'이라는 거짓말

가와사키 시에 있는 옛 작업장에 도착해서는 곧장 인터넷에 접속해 무슨 일이 벌어지고 있는지 정보를 모았습니다. 텔레비전과 신문에서 전하는 정보는 모두 "괜찮습니다. 당황하지 마세요." 하는 내용이라 도움이 되지 않았습니다. 의지할 건 인터넷뿐이었지요.

잠깐 동안 많은 정보를 모아 분석하고, 모르는 건 바로 공부하거나 확인해서 지식을 보강해 갔습니다. 1년이 지난 지금은 그때 무슨 일이 벌어졌는지 상당히 정확하게 알고 있으니 중요한 것 몇 가지만 정리해 보겠습니다.

우선, 사고가 '예상 밖'의 대형 지진과 쓰나미 때문이라는 말은 새빨간 거짓말입니다. 제1원전의 진동 자체는 한신·아와지 대지진* 때 보다 작았습니다. 한신·아와지 대지진 때는 최대 818gal[가속도의 단위로 1gal=0.01㎧]이었고 제1원전 때는 최대 699gal이었으니까요. 이것은 나중에 도쿄전력이 보고서에서 스스로 인정한 사실입니다.

그 정도 진동인데도 불구하고 지진이 일어난 직후에는 제1원전 내 전력 공급 장치가 망가져서 전원 공급을 할 수 없게 되었습니다. 또한 지진 직후에 원자로 건물 안에서는 여기저기서 배관이 부서져 물이 뿜어져 나왔습니다. 즉, 쓰나미가 덮치기 전부터 원전은 전원이 끊기고 배관은 갈기갈기 찢어진 상태였던 겁니다.

쓰나미도 마찬가집니다. 그 정도 쓰나미가 올 수 있다는 건 2008년에 이미 도쿄전력 스스로 계산을 마쳤거든요. 1896년에 일어난 메이지 산리쿠 지진은 진도 8.3이었는데, 이만한 규모의 지진이 후쿠시마현 먼 바다에서 일어났다고 가정하면, 후쿠시마 제1, 제2 양쪽 원전에는 높이 8.4~15.7m 규모의 쓰나미가 도달할 가능성이 있다는 거였습니다. 도쿄전력은 이 같은 내용을 대지진 4일 전인 2011년 3월 7일에 경제산업성 원자력안전보안원(이하 보안원)에 보고하기도 했습니다.

다시 말해, 원전이 수몰될 만큼 큰 쓰나미가 닥치는 것은 '예상 밖'의 일이 아니었습니다. 그런데도 외부 전원을 강화하지도 않고, 비상용 디젤 발전기는 수몰 가능성이 높은 지하에 두고, 밖에는 발전 차량 한 대도 준비해 두지 않았던 겁니다.

---

* 1995년 효고 현 남쪽에서 발생한 지진으로 6,500여 명이 사망했다.

정전되면 원자로가 폭주하여 일본이 파멸할지도 모르는데 적은 돈을 아낀답시고 대책을 세우지 않는 무신경함은, 우리들 보통 사람 감각으론 도저히 믿기지 않습니다. 그런데 실제로 도쿄전력과 국가는 아무런 대책도 세우지 않았습니다. 그 결과 일어난 것이 후쿠시마 제1원전 사고였고요. 편의상 '사고'라고 썼지만, 이것은 사고라기보다는 '범죄'입니다.

버려진 사람들, 버린 사람들

원전 사고가 일어난 가장 큰 원인은 믿기 어려울 만큼 무책임하고 엉성한 현장 운영이었습니다. 그런데 사고 후 정부와 지자체[지방자치단체]가 보여 준 대응도 그에 못지않게 엉망이었습니다.

3월 11일에 일어난 지진과 쓰나미로 후쿠시마 현 해안 지역은 건물이 쓸려 가고, 많은 사람이 무너진 건물에 깔리거나 물에 잠긴 차에 갇히고 말았습니다. 사람들은 목소리를 쥐어짜 도움을 요청했지만, 며칠이 지나도록 구조의 손길을 받지 못하고 방치된 채 죽어 갔습니다. 원전 폭발로 방사능이 누출된 탓에 주변 출입이 금지되었기 때문입니다.

자치적으로 운영되는 현지 소방단이 구조에 나서려고 했지만 철수 명령이 떨어졌습니다. 소방단은 구해 달라는 목소리를 들으면서도 해안에서 철수해야 했습니다. 자위대는 구조하러 나섰다가 도중에 명령이 떨어져 모두 물러났고요.

구할 수도 있었던 많은 생명이 이렇게 버림받은 채 사라져 갔습니다. 소리쳐도, 경적을 울려도 아무도 구하러 오지 않는 상황에서 힘이 다해 죽어 간 사람들. 얼마나 원통하고 억울했을까요.

나중에 밝혀진 바에 따르면, 해안 지역은 오염이 가벼워서 그때 구조 활동을 했어도 방사능 피해를 입을 위험은 없었습니다. 당시 정부는 '당장 건강에 피해를 줄 만한 일은 없다'는 말을 주문처럼 반복했는데, 그러면서 왜 산 채로 묻혀 움직이지 못하는 사람들을 구조하지 않았을까요. 자위대조차 돌아가 버렸고 말이죠.

제1원전에서 30km 안쪽은 '비행 금지 구역'으로 지정되어 취재 헬기도 들어가지 못했습니다. 언론사 기자들은 위험하니까 30~40km 안쪽으로는 들어가지 말라는 회사 명령 때문에 아무도 원전 가까이 가려 하지 않았습니다. 그런데도 매체에서는 '위험은 없다'는 정부의 메시지를 반복해서 내보냈습니다. 즉, 독자와 시청자에게는 '위험하지 않다', '당황하지 말라'고 하면서 자기들은 현장에 다가가려 하지 않던 것이죠. 그곳에 주민이 남아 있는데도 말입니다.

이와키 시나 미나미소마 시 등, 해안 도시에는 거의 모든 생활 물자 공급이 끊겼습니다. 도로가 뚫려 있는데도 무서워서 물류 차량이 들어가지 못했기 때문이지요. 그 결과 휘발유도 구하지 못하는 바람에, 남겨진 사람들은 피난조차 갈 수 없었습니다.

쓰나미로 생매장되거나 움직일 수 없게 된 사람들이 구조받지 못한 채 버림받았다는 사실을 많은 일본인들은 지금도 모를 테지요. 언론도 자신들의 치부가 될 일은 적극 나서서 보도하지 않으니까요.

철저히 감춰진 오염의 진실

수상 관저가 제1원전에서 3km 이내 지역에 피난 지시를 내린 것은 3월 11일 오후 9시 23분이었습니다. 이때 제1원전 1호기는 이미 연료봉이 노출되어 멜트다운이 시작되었습니다. 오후 6시 무렵, 1호기 건물 안은 측정기가 잴 수 없을 만큼 방사능 오염이 심해서 기술자가 다가가지 못하고 물러났습니다. 이미 손을 쓸 수 없는 상태였던 거죠. 12일 이른 아침에는 거의 모든 연료가 녹아내려 압력용기, 즉 원자로 바닥에 흘러 떨어져 있었던 모양이라고, 나중에 도쿄전력 스스로 분석한 바 있습니다. 그러나 정부는 여전히 '괜찮다'는 말만 반복하며 주변 지자체에 아무런 지시도 내리지 않았습니다.

3월 12일 새벽 3시경, 정부는 "1호기 격납용기 내 압력을 내리기 위해 방사성 물질을 포함한 증기를 방출하겠다."고 발표했습니다. 절대로 새어 나와서는 안 되는 방사성 물질을 방출한다니, 이건 정말 엄청난 일이었습니다. 그러나 그렇게라도 하지 않으면 폭발로 인해 방사성 물질이 대량으로 확산될 터, 그걸 막기 위해서는 주변이 좀 오염되더라도 어쩔 수 없다는 판단이었던 거죠.

그리고 다시 12일 아침 5시 44분. 정부는 피난 지시를 10km 이내 지역으로 확대한다고 발표했습니다. 3월 12일 아침, 후쿠시마 현은 원전 주변에서 방사선 양을 측정했습니다. 그 결과 나미에마치 사카이라는 곳에서 시간당 15μSv[마이크로시버트], 역시 나미에마치 다카세에서는 시간당 14μSv라는 심상치 않은 수치가 나왔습니다. 보통은 0.0%

라는 수치가 나오니까, 세 자릿수나 차이가 났던 겁니다. 이미 원전에서 방사성 물질이 대량으로 흘러나왔다는 얘기죠.

3월 12일 오후 2시, 보안원의 나카무라 고이치로 심의관은 기자회견에서 "연료의 용융이 시작되었다고 보아도 좋습니다."라고 머뭇거리며 발언했습니다. 실제로는 그때 용융이 '시작'되기는커녕 연료 대부분이 녹아내려 원형을 찾을 수 없는 상태였는데도 말입니다. 그리고 그 회견 직후에 1호기가 폭발을 일으켰습니다.

이때 보안원도, 도쿄전력 본사도, 정부도, 이 폭발이 어떤 폭발인지조차 알지 못했습니다. 핵폭발이나 수증기 폭발을 일으켜 원자로째 날아간 건지, 아니면 원자력 압력용기는 망가지지 않고 그 바깥쪽 격납용기가 날아간 건지, 혹은 격납용기도 무사하고 건물만 날아간 건지……. 그조차도 모른 채, 모두가 텔레비전 영상을 멍하니 바라봤습니다.

폭발 후 오후 6시에 열린 보안원 회견에서도 "이제부터 잘 조사하여, 정보를 입수하고 판단할 필요가 있다고 봅니다."라며 알맹이 없는 대답을 되풀이할 뿐이었습니다. 폭발하고 세 시간이 지났는데도 '이제부터 정보를 입수하겠다'고 말한 겁니다.

이 시점에도 주변 지자체는 정부나 현에서 아무 연락을 받지 못했습니다. 피난 지시가 3km에서 10km로 확대된 것도 지자체에는 직접 전달되지 않았고, 시읍면* 장들도 텔레비전을 보고 처음 알았을 정도

---

* 원문은 시정촌[市町村]이다. 우리나라 시읍면에 해당하는 기초 지방자치단체로, 이해하기 쉽게 시읍면으로 옮긴다. 일본어 발음은 순서대로 '시', '마치', '무라'이다.

입니다. 12일 오후 6시 25분, 정부는 피난 지시 범위를 20km까지 넓혔습니다.

이튿날인 3월 13일 이른 아침, 후쿠시마 현은 자체 조사를 통해 후타바마치와 소마 시에 방사선 양이 측정 상한치인 30μSv를 넘는 장소가 몇 군데 있다는 걸 확인했습니다. 이제 한시라도 빨리 주민을 피난시켜야 한다는 게 분명해진 거죠. 하지만 후쿠시마 현은 이 측정 데이터를 공표하지 않고 주변 지자체에도 알리지 않았습니다.

3호기가 1호기보다 더 요란한 폭발을 일으킨 건 14일입니다. 이타테무라와 후쿠시마 시 등, 원전 북서쪽 지역이 심각한 오염을 입게 된 건 15일부터고요. 13일 이 시점에 주변 주민을 안전한 장소로 피난시켰다면 주민이 대량으로 피폭당하는 일은 피할 수 있었던 거죠. 그런데도 현은 아무것도 하지 않았습니다.

일본에는 SPEEDI라는 방사능 피해 예측 시스템이 있습니다. 문부과학성 관할로 1986년부터 운용되고 있으며, 지금까지 세금을 백수십억 엔 쏟아부어 왔습니다. 이번에 이 시스템이 처음으로 제 역할을 할 상황이었는데, 어처구니없게도 정부가 데이터를 공표하지 않았던 겁니다! 후쿠시마 현 또한 SPEEDI의 데이터를 13일 오전부터 받았으면서도 공표하지 않고 숨겼습니다.

전문가들 중에는 14일 3호기에서 일어난 폭발이 정부와 도쿄전력이 발표한 대로 '수소 폭발'뿐이었는지 의문을 품는 이들이 많습니다. 3호기의 '사용 후 핵연료'* 풀에서 물이 샌 건 아닌가, 그래서 안에 있던 사용 후 핵연료의 온도가 치솟으면서 일부 핵반응을 일으켜 로켓

탄처럼 하늘 높이 솟아 올라간 것은 아닌가 하는 설도 있지요.

또한 요오드와 세슘의 오염 상황이 상당히 다른 양상을 띠었습니다. 세슘 오염이 나미에마치와 이타테무라 같은 원전 북서쪽에서 심했던 데 반해, 초기 피폭에서 무엇보다 경계해야 하는 요오드131의 오염은 이와키 시와 이바라키 현 같은 남쪽에서 심했다는 사실이 알려졌습니다. 이것은 독립 행정 법인 '해양연구개발기구'의 연구자 등이 중심이 되어 보고한 내용으로, 요오드131은 반감기가 8일밖에 되지 않기 때문에 지금은 그 흔적이 남아 있지 않습니다.

중대한 문제임에도 불구하고, 이 사실은 사고 후 1년이 지난 2012년 3월에 NHK의 〈E텔레비전 특집, 네트워크로 만드는 방사능 오염 지도 5: 묻혀 버린 초기 피폭을 추적하라〉에서 보도될 때까지 거의 모든 언론이 보도하지 않았고, 또한 많은 학자들도 놓치고 있었지요. 이와키 시는 후쿠시마 현 최대 도시입니다. 이 지역 사람들이 초기 단계에서 요오드에 의해 내부 피폭을 당한 것은 무척 걱정스러운 일입니다.

훨씬 더 위험한 장소로 피난 유도를 받다

원전 주변 지자체 중에서는 오직 가쓰라오무라만이 심각한 오염이 일어나기 직전인 14일 밤에 주민 전원을 피난시켰습니다. 독자적인 판

• 원자로에서 3~5년간 연료로 사용된 뒤 배출되는 방사성 폐기물.

단에 따른 결정이었지요. 면의 주민 생활 과장(그 뒤 재해 대책 담당 과장)과 면장이 현명하게 판단하고 결정한 덕분에 마을 사람들의 생명을 지킬 수 있었습니다. 그런데 다른 지자체에서는 적절한 지시와 유도를 할 수 없었습니다. 특히 북서쪽 주민들은 아무 이야기도 듣지 못한 채 심각한 피폭 피해를 입었지요.

하룻밤이 지나고 15일 이른 아침, 2호기의 격납용기가 파손되어 방사성 물질이 대량으로 새어 나왔습니다. 거의 동시에 4호기에서도 폭발과 화재가 일어나자 경제산업성은 미군에 도움을 요청했습니다. 그러나 방사선 수치가 높게 나오자 미군 헬기는 현장 부근에서 돌아가 버렸습니다.

SPEEDI가 북서쪽이 오염될 거라 정확히 예측했음에도 불구하고 정부는 이 정보를 살릴 만한 지시를 하지 않았습니다.

오전 11시, 정부는 방향에 상관없이 20~30km 이내 지역에 피난이 아닌 '옥내 대피'를 지시합니다. 그러나 해당 지자체에 직접 연락이 가지 않은 탓에 지자체들은 텔레비전 보도를 보고서야 자기네 마을 얘기란 걸 알았지요. '옥내 대피'란 '움직이지 말고 집 안에 있어라, 도망쳐서는 안 된다'는 뜻입니다.

그 무렵 고농도 방사성 물질을 실은 구름이 북서쪽으로 흘러가 여기저기서 눈과 비를 흩뿌렸습니다. 방사성 물질은 눈과 비에 섞여 지상에 떨어졌고, 사람들은 상당한 피폭을 당했습니다. 30km 바깥쪽 주민들은 '여기는 30km 넘게 떨어져 있으니까 괜찮겠지.'라며 평소와 다름없이 생활했지요. 그 때문에 고농도 방사성 물질을 머금은 눈이 흩날리는 야외에서 아이들이 뛰노는 무서운 풍경이 여기저기서 연출되었습니다.

옥내 대피령을 내릴 거였으면 거리에 상관없이, 북서쪽 주민 모두에게 한시라도 빨리 내려야 했습니다. 그리고 눈비가 그치면 곧장 바람이 불어오는 방향으로, 되도록 멀리 도망치라고 지시해야 했고요. 그런데 정부와 현은 북서쪽에 방사성 물질이 흘러든 것을 알면서도 아무런 지시를 내리지 않았고 정보도 감추었습니다.

가장 심각했던 곳은 나미에마치입니다. 나미에마치는 20km 안쪽 지역 주민을 북서쪽에 있는 쓰시마[대한해협에 있는 쓰시마 섬과 다른 지역]란 곳으로 피난시켰습니다. 그런데 쓰시마 주변은 오염이 훨씬 심했습니다. 한 시간에 300μSv나 되는 엄청난 양의 방사선이 측정되었습니다. 20km 안쪽 지역 중에서도 바닷가 지역은 오염도가 낮았는데, 어이없게도 주민들은 오염이 덜한 자택을 떠나 훨씬 위험한 장소로 피난 가도록 유도를 받은 데다가 장기간 그곳에 머무르기까지 한 겁니다.

일반인의 연간 허용 피폭량은 1mSv[밀리시버트]입니다. 1년 동안 이만큼은 방사능을 쏘여도 무방하다는 기준입니다. 1mSv는 1μSv의 1,000배입니다. 시간당 300μSv는, 몇 시간만 노출되어도 1년 치 허용 방사선 양을 넘어 버리는 수치이지요.

이 시기에 가장 위험했던 건 요오드라는 방사성 물질입니다. 체내에 들어가면 목 아래쪽에 있는 갑상선에 쌓여서 몇 년 뒤 갑상선암을 일으킨다고 알려져 있습니다. 특히 세포 분열이 한창때인 어린이는 영향을 받기 쉬워서, 체르노빌 원전 사고 후에도 오염 지대 아이들의 갑상선암이 증가했지요. 어린아이가 긴 시간 오염 지대에 노출되는 일만은 꼭 피해야 합니다.

쓰시마 주변 오염이 심각한 것은 SPEEDI의 예측에도 이미 나와 있었고, 문부과학성과 후쿠시마 현 등의 방사선 양 측정을 통해서도 분명히 알 수 있었습니다. 그런데도 나미에마치 사람들은 아무 얘기도 듣지 못했을 뿐 아니라 훨씬 위험한 장소로 피난 유도를 받는 바람에 오히려 지속적인 피폭을 당한 겁니다.

가와우치무라 전 주민 피난의 이면

우리가 사는 가와우치무라에는 11일 밤에 이웃 후쿠오카마치 주민이 3,000명 넘게 피난을 왔습니다. 마을에 남아 있던 주민들은 피난민들을 위해 밥을 짓고 구호 활동을 하느라 바빴지요.

3월 14일, 3호기가 폭발하기 직전에 가와우치무라에서는 피난 온 후쿠오카마치 주민들과 합동으로 긴급 재해 대책 회의를 열었습니다. 이미 언론 보도를 통해 원자로 냉각이 불가능한 상황인 걸 알았기 때문에, 가와우치무라 면장은 주민 전체를 강제로 피난시키기로 결정했습니다. 그러나 회의에 참가한 현지 대응 담당인 도쿄전력 직원, 경제산업성 공무원, 보안원 관료들이 입을 모아 "20km권 밖은 절대로 안전합니다."라며 면장을 설득했습니다. 그 때문에 면장은 '강제 피난'이 아니라 '자율 피난'을 하기로 하고 회의를 일단 정리했습니다.

가와우치무라는 운 좋게도 풍향을 잘 타서 북서쪽 지역만큼 심한 오염은 면했습니다. 그러나 이미 이때도 방사성 물질이 상당히 많이 날아와 있었지요. 그 탓에 후쿠오카마치에서 온 피난민들을 돌보던 마을 사람 중 다수가 방사능에 노출되었습니다.

3월 16일, 드디어 가와우치무라에서도 면장이 강제 피난을 결정했습니다. 전 주민이 고오리야마 시로 대이동을 시작했지요. 저는 13일에 가와사키 옛 작업장에 도착한 뒤로 면 상공회장과 인터넷으로 정보를 주고받던 터라, 면 주민이 모두 피난한다는 사실을 곧바로 각 언론에 전달할 수 있었습니다. 원전 주변 지자체가 고립되어 정보를 입수하지 못해 곤란에 처한 사실, 정부와 현이 아무런 지시도 내리지 않아 주민이 계속 위험에 노출되어 있는 상황을 보도해 주기 바랐거든요. 그러나 개중에는 '정부의 지시를 지키며 움직이지 않는 지자체가 있는 상황에서 그런 보도를 내보내면 혼란을 일으킬 염려가 있다'며 보도를 주저하는 언론도 있었습니다.

앞서 말했듯이, 이때 언론사들은 30km권, 40km권에 들어가지 말라는 회사 명령 때문에 현장에 기자를 한 명도 보내지 않았습니다. 정작 자기들은 멀리 도망쳐서 현장에 다가가려 하지조차 않았던 겁니다.

측정기를 들고 현장에 들어간 것은 언론사 기자들이 아니라 프리랜서 저널리스트 그리고 일부 학자와 연구자 들이었습니다. 그러나 프리랜서 저널리스트들이 취재한 귀중한 기사와 영상조차 언론에서는 보도하려 하지 않았습니다. 『마이니치 신문』 2011년 4월 18일자 기사에 따르면, 프리랜서 저널리스트인 도리고에 슌타로 씨는 텔레비전 카메라를 가지고 20km권 안에 들어가 발 빠르게 취재를 감행했으나, 그 영상을 방송하겠다고 나선 방송국이 없었다고 합니다.

영국에 측정기를 주문하다

그러면 이제 우리 집에서 일어났던 일들을 얘기해 보겠습니다. 3월 14일 아침, 가와사키 옛 작업장에서 눈을 뜨자마자 '가이거 계수기'라고 부르는 방사선 측정기를 주문했습니다. 후쿠시마 제1원전에서 방사성 물질이 새어 나온 이상, 앞으로는 어딜 가든 주변이 얼마나 오염되었는지 실시간으로 점검해야만 합니다. 그러기 위해서 꼭 필요한 것이 방사선 측정기이지요.

그런데 사고가 나자 일본 내에서는 눈 깜짝할 새에 품절이 되었습니다. 인터넷으로 검색을 계속해 보니 영국 전문점에 남은 물건이 있더군요. 5일 후, 주문한 방사선 측정기가 무사히 도착했습니다.

러시아제 RADEX RD1706이라는 제품인데, 가격은 배송료 포함 216파운드. 당시 환율로 따져 약 2만 8,000엔이었지요. 아주 단순하게 설계되어 있고 베타선과 감마선을 검출하여 시간당 μSv 단위로 표시하는 기기였습니다.

곧바로 전원을 켜 보니, 가와사키 옛 작업장 실내에서 시간당 0.15μSv 전후를 나타냈습니다. 문부과학성에 따르면, 일본에서는 대지에서 나오는 방사선, 우주에서 오는 방사선을 합친 '자연 방사선'이 연간 평균 0.67mSv 정도 된다고 합니다. 이것을 시간당으로 환산하면 약 0.07μSv가 나옵니다. 간토 지방은 일본 평균보다 수치가 낮기 때문에, 사고 전이라면 시간당 0.05μSv쯤 됐을 겁니다. 그것보다 0.1μSv가 높아진 것이죠.

두려워할 정도는 아니라며 안심하고 있던 차에, 갑자기 측정기가 삐삐 경고음을 울리며 흔들렸습니다. 설명서를 읽어 보니 이 측정기는 시간당 0.3μSv가 넘는 방사선을 감지하면 경고음을 내도록 설정되어 있었습니다. 즉, 한순간 0.3μSv를 넘었다는 얘기지요.

경고음은 그 뒤로도 빈번하게 울렸습니다. 방사성 물질이 공기 중에 떠돌아다니는 것도 있기 때문에, 시간과 장소에 따라 방사선 양이 변하는 건 당연한 일입니다. 온종일 측정기를 켜 놓는 것은 물론이고 외출할 때도 가지고 다니다 보니 대체적인 경향을 알게 되었습니다.

대체로 실내보다 바깥이 방사선 수치가 높습니다. 길에서는 대형 트럭이 옆을 지나갈 때 경고음이 자주 울리더군요. 도로에 가라앉아 있던 방사성 물질이 트럭이 일으킨 흙먼지에 섞여서 날아오르고, 그러면 한순간 방사선 수치가 높아지는 거겠지요. 홈통 밑이나 콘크리트, 아스팔트 포장 위도 상당히 높은 수치를 나타냈습니다.

늘 측정기를 지니고 행동하다 보니 방사성 물질이 어디에 어떻게 붙어 있고 어디로 어떻게 이동해 가는지 차츰 체감할 수 있게 되었습니다. 문부과학성 웹 사이트에는 날마다 전국 각지에서 측정된 방사선 양이 발표되었습니다. 측정기가 도착한 것은 3월 19일이었는데, 전날인 18일의 시간당 수치가 도쿄 신주쿠 구와 가나가와 현 지가사키 시는 0.04μSv, 도치기 현 우쓰노미야 시가 0.15μSv, 이바라키 현 미토 시는 0.17μSv였습니다. 가와사키 시에서 실제로 제가 측정한 수치는 우쓰노미야 시나 미토 시 수치에 가까웠는데, 도쿄와 가나가와가 0.04μSv라니 무척 수상쩍더군요. 아니나 다를까, 신주쿠 구의 측정치는 지상 수십 미터 위에서 잰 것으로, 지표 가까운 곳의 방사선 수치와는 아주 거리가 멀다는 것이 나중에 밝혀졌습니다.

　전부터 설치되어 있던 고정 측정기는 일본에서 심각한 방사능 오염이 일어날 것을 상정하지 않았기 때문에, 인간이 활동하는 지표 부근이 아니라 높은 장소에 설치되어 있었던 겁니다.

측정기로 오염 상황을 가장 빨리 검증

그 무렵, 가와우치무라에 사는 벗 마사이 씨가 인터넷 소셜 네트워크 '믹시'에 방사능 측정 데이터를 올렸습니다. 60대 남성인 마사이 씨는 처가가 있는 이바라키 현으로 피난을 갔다가, 기르던 닭에게 모이를 주러 잠시 가와우치무라에 돌아갔습니다. 데이터는 그때 측정한 것입니다.

　마사이 씨는 '바쿠겐진'이라는 마을에 삽니다. 가와우치무라에서 더 깊이 들어간 산속으로, 지금도 전기가 들어오지 않지요. 바쿠겐진은 옛날에 히피들이 이상향 건설을 꿈꾸며 길도 없는 산골짝을 멋대로 개간하여 생겼습니다. 너무 깊은 산골이어서 땅 주인도 1년이 넘도록 자기 땅에 히피들이 멋대로 눌러앉은 줄을 몰랐습니다. 마사이 씨는 땅 주인과 잘 얘기해서 그 땅을 사들였고, 지금도 거기 삽니다.

3·11 전까지 바쿠겐진에는 마사이 씨와 부인인 보케 씨 그리고 2000년에 자전거로 바람처럼 흘러와 눌러앉은 아이 씨(30대) 일가가 살았습니다. 아이 씨는 전기가 들어오지 않는 바쿠겐진에 혼자 힘으로 오두막을 짓고 눌러앉았습니다. 면에서 수업을 받아 목수가 되었고, 그 뒤 요코하마의 1급 건축사인 오쓰카 쇼칸 씨와 결혼했습니다. 아들딸도 태어나 네 가족이 살고 있었지요. 어린아이들을 키우기 때문에 방사능에 오염된 지금은 아이 씨 고향인 오카야마 현으로 피난을 갔습니다. 그들은 평소에도 원전에 대한 위기의식이 높았고, 3·11 전부터 방사선 측정기를 갖고 있었습니다.

마사이 씨 역시 체르노빌 사고 후에 R-DAN이라는 측정기를 구입해 평상시에도 방사선 측정을 했지요. R-DAN은 구형이어서 측정 단위는 시버트가 아니라 cpm$^{counts\ per\ minute}$으로 표시됩니다. 이것은 날아오는 감마선을 1분간 몇 번 측정했는가 하는 뜻입니다. 바쿠겐진의 자택에서는 지금까지 10cpm을 넘는 일이 없었다고 합니다. 이 R-DAN을 가지고 3월 19일에 이바라키 현 반도 시와 가와우치무라 자택을 오가며 측정한 결과는 다음과 같았습니다.

출발 지점인 반도 시에서는 20cpm.(평소보다 상당히 높다.)
도호쿠도[도치기와 아오모리를 잇는 고속도로]에서 북쪽으로 갈수록 상승. 도치기 현 북동부 나스에서는 출발 지점의 10배인 200cpm, 고오리야마에서는 400cpm까지 상승.
반에쓰도[후쿠시마와 니가타를 가로지르는 고속도로. 도호쿠도와 열십자로 교차된다.]에 접어들어 원전에 다가갈수록 오히려 낮아지고, 오노마치에서는 60cpm.

거기서 산을 넘어 가와우치무라로 향하자 이와키 시의 오기에서 300cpm으로 급상승.

가와우치무라로 넘어가는 고개에서는 단숨에 1,000cpm까지 상승하여 덜컥 겁을 먹다.

그 후에는 오르락내리락하기를 반복하다가 집이 있는 바쿠겐진에서는 200cpm.

돌아오는 길은 조반도[도쿄 도와 센다이를 잇는 고속도로] 루트. 이와키 시 도와다에서 400cpm.

이와키 시가지에 들어서자 떨어져서 80cpm.

이바라키 현 히타치에서 30cpm.

반도 시로 돌아와서 20cpm.

그때는 수치가 왜 그렇게 들쑥날쑥하는지, 특히 나스와 고오리야마에서 세 자릿수가 되는 이유는 뭔지 궁금하고 신기했는데, 나중에 오염 상황을 정확히 파악하고 보니 이 수치 변화가 딱 들어맞더군요. 1년 가까이 지난 지금도 이 경향은 변함없습니다. 원전에서 100km쯤 떨어진 나스시오바라 시와 60km쯤 떨어진 고오리야마 시는, 원전에서 39km 떨어진 오노마치보다 공간선량^{空間線量}[대상이 되는 공간의 단위 시간당 방사선 양]이 오히려 높은 겁니다.

3월 22일에는 미국 에너지국(DOE) 전문가 팀이 측정한 원전 주변

3·11 이후를 살아갈 어린 벗들에게

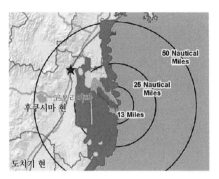

오염 지도가 인터넷에 공개되었습니다.(그림 1.1) 그들은 3월 15일에 8t[톤]이나 나가는 기자재를 가지고 일본에 와서 곧장 원전 주변의 방사능 오염 상황을 조사하기 시작했지요.

이 오염 지도를 보면, 역시 북서쪽 지역의 오염이 심각했습니다. 문부과학성이 날마다 측정 차량을 운행하며 수집한 데이터를 보아도 북서쪽 나미에마치 쓰시마와 가쓰라오무라, 이타테무라 근처가 아주 심하게 오염되었지요. 그에 비해 가와우치무라는 그 정도까지는 아니란 걸 알 수 있었고요.

수도권에서 휘발유를 구하기 힘들어 곤란하던 상황도 그때부터 조금씩 나아졌기 때문에, 아내와 함께 일단 가와우치무라로 돌아가서 필요한 물건을 챙겨 오기로 했습니다. 마을에 아직 남은 사람이 있다는 것을 믹시를 통해 알고 있던 터라, 가는 길에 구호물자를 전해 주자 마음먹었습니다. 친구들의 도움을 받아 20리터들이 휘발유 통 두 개와 식료품 따위를 트렁크에 싣고 3월 26일 아침에 가와사키 시를 떠났습니다.

가와우치무라에 '자발적 일시 귀가'

가와우치무라의 오염이 다른 곳에 비해 덜하다는 걸 알고 있었지만, 제1원전에서 또 고농도 방사성 물질이 누출될지도 모르는 일이었습니다. 3호기가 결국엔 압력용기째 부서진다든지, 4호기의 사용 후 핵연료 풀이 무너져 안에 있던 핵연료 무더기가 쏟아져 나온다든지 하는 최악의 사태가 벌어져도 이상할 게 없었죠.

그러나 그런 위험을 아는 것까지 포함해서, 아무런 정보도 얻지 못한 채 무작정 도망쳤던 3월 12일에 비하면 이번에는 훨씬 더 용기를 낼 수 있었습니다. 어디가 오염되었고 어디가 비교적 오염이 덜한지 지리적인 파악도 되어 있고, 방사선 측정기도 갖고 있었으니까요. 정보가 있고 없고의 차이에 따라 마음가짐이 이렇게 달라질 수 있다는 걸 새삼 깨달았습니다.

수도고속도로를 달릴 때부터 측정기의 경고음이 빈번하게 울렸습니다. 차 안에서 시간당 0.3μSv가 넘는다는 얘기였지요. 조반도 초입에 있는 모리야 휴게소에서는 시간당 0.33μSv를 나타냈습니다. 측정기가 쉬지 않고 울렸기 때문에, 경고음이 울리는 경계 값을 0.3에서 0.9μSv로 올렸습니다. 조반도를 따라 나아갈수록 0.9μSv에서도 경고음이 끊기지 않아 몇 번이나 경계 값을 올려 설정해야 했습니다.

히타치 북쪽 나들목 부근을 통과하자 이제는 차 안에서도 시간당

1μSv를 넘어서더니, 터널로 접어들자 0.1~0.5μSv로 쑥 떨어졌습니다. 이와키 시에 가까운 세키모토 간이 휴게소에서는 시간당 1.6μSv, 유노타케 간이 휴게소를 통과하자 시간당 2μSv. 차 안에서 이런 수치가 나왔던 걸 보면, 차 밖에서는 틀림없이 더 높은 수치가 나왔을 테지요.

나중에야 알게 됐지만, 이때 이와키 시의 방사선 수치가 높았던 것은 앞서 밝혔듯이 요오드131이 이와키 시 방향으로 흘러든 탓입니다. 그 후에 이와키 시의 공간선량은 차츰 내려갔습니다. 이것도 이와키 시의 방사능 오염이 세슘보다는 주로 요오드131(반감기 8일) 때문이었다는 사실을 뒷받침합니다.

방사선 수치가 상승한 것은 이와키 시까지이고, 이와키 교차로에서 반에쓰도를 타고 서쪽으로 나아갈수록 방사선 수치는 급격히 줄어들었습니다. 오노 나들목에서 내리자 시간당 약 0.3μSv까지 떨어졌습니다. 마사이 씨가 측정한 대로 오노마치는 오염이 덜했던 것이지요. 거기부터는 마사이 씨가 보고한 그대로였습니다.

일단 이와키 시에 들어가서 이와키노사토 오니가조라는 휴양 시설을 통과해 산을 넘었을 때는 시간당 5.6μSv까지 올라갔습니다. 측정기를 산 뒤로 이렇게 큰 숫자는 처음 본 탓에 무척 긴장했습니다. 하루 종일 맑을 거라던 일기예보와는 달리 눈발이 날려 더욱 신경이 쓰였습니다. 방사성 물질이 눈에 달라붙기 때문에 그런 날씨는 최악이었지요.

스노타이어를 끼우고 있었는데도 한 번 크게 미끄러지는 바람에

간이 콩알만 해졌습니다. 이렇게 방사선 수치가 높은 산중에서 사고라도 냈다가는 살아남기 어렵습니다. 아무도 구하러 오지 않을 테니까요. 신중하게 운전하면서 가와우치무라에 들어서자, 방사선 수치는 0.8μSv까지 내려갔습니다. 사전 정보대로, 마을의 오염은 가벼운 선에서 그친 겁니다.

집 안에서 물건을 꺼내 오기 전에, 가져온 휘발유 통과 구호물자를 근처에 사는 S 씨 집으로 옮겼습니다. S 씨가 마을에 남아 있다는 건 이웃에 사는 면사무소 직원이자 존의 주인인 겐 씨한테 들어서 알고 있었습니다. 줄기차게 내리는 눈 속에서 제가 모자와 마스크를 쓰고 나타나자 S 씨는 눈이 똥그래졌습니다. 누구인지 금방 알아보지 못한 모양입니다. S 씨도 일단 피난소에 갔지만, 거동이 불편한 어머니에게 피난소 생활은 무리라고 생각해서 일찌감치 집으로 돌아왔습니다. 마을은 피난소가 있는 고오리야마 시보다 방사능 수치가 낮고 전기도 들어와서 평소대로 생활할 수 있으니 한결 현명한 판단이었지요. 실제로 피난소에서는 스트레스와 피로 때문에 노인들이 맥없이 쓰러져 명을 달리하기도 했고요.

지원 물자를 S 씨에게 전하고 곧장 집으로 돌아와서 아내와 함께 필요한 짐을 쌌습니다. 이제 돌아올 수 없을지도 모르기 때문에 귀중품은 모두 차에 실었습니다.

물건을 옮기면서 측정기를 보니 집 안은 시간당 1μSv가 좀 못 되었고 바깥은 약 1~2μSv였습니다.(그림 1.2) 우리 집은 양쪽에 잡목 숲이 있어서 지붕 위까지 가지가 뻗어 있고, 땅바닥에는 낙엽이 두껍

그림 1.2 우리 집 마당에서 방사선 양을 측정하다.

게 쌓여 있습니다. 그런 환경이다 보니 탁 트인 중심 도로변보다는 수치가 상당히 높게 나오지요. 이것은 아주 당연한 일입니다. 전혀 놀라울 게 없지요. 전날 문부과학성이 발표한 데이터를 보면, 후쿠시마 시내에서 시간당 5.4~6.9μSv가 측정되었습니다. 그에 비하면 훨씬 낮은 수치였습니다. 원전에서 60km 넘게 떨어진 후쿠시마 시보다 25km 거리에 있는 우리 집이 1/3 이상 낮은 오염치를 기록했으니, 기적 같은 일이지요.

짐을 챙기고, 길고양이들을 위해 베란다에 사료를 수북이 쌓아 두고, 이웃집 존의 집 안에도 사료를 봉지째 넣어 둔 뒤 집을 떠났습니다. 마을을 나오기 직전에 보니 이웃집 Y 씨도 집에 남아 있었습니다. Y 씨는 후타바 광역 소방대에 근무하는 현역 소방관이었는데 피난을 갈 수는 없는 신분인지라 집에 남아 있었던 거죠. Y 씨는 사냥개 두 마리를 길렀는데, 목줄 풀린 이웃집 존도 함께 있었습니다. 날마다 함께 산책하던 존이, 주인 일가가 집을 떠난 후에도 이렇게 무사히 지내는 걸 보니 마음이 놓였습니다. Y 씨에게 존을 잘 돌봐 달라고 부탁한 뒤 해가 저물어 땅거미가 지는 중심 도로로 들어서는데, 존이 죽을힘을 다해 뒤쫓아 왔습니다. '존, 잘 지내.' 마음속으로 외치며 액셀을 꾹 밟아 존에게서 멀어졌습니다.

왜 이렇게 되어 버렸을까? 이대로 다시는 마을에 못 돌아가는 걸까? 분하고 억울했습니다. 무거운 마음을 안은 채 우리는 조반도를 타고 도쿄 방향으로 돌아왔습니다.

2장. 일본은 방사능 오염 국가가 되었다

염소와 나(가와우치무라에서)

방사능 오염의 기초 지식

후쿠시마 제1원전 1~4호기는 완전히 파괴되어 방사성 물질을 사방에 흩뿌렸습니다. 밖으로 나온 방사성 물질은 바람에 실려서 후쿠시마 현뿐 아니라 도호쿠, 간토 일대에 넓게 퍼져 여기저기 심각한 오염을 일으켰지요. 또한 원자로를 식히려고 주입한 많은 물이 방사성 물질을 품은 채 고스란히 밖으로 새어 나와 땅속과 바다에 흘러들었고요. 우리는 피해자이면서 그 이상으로 '가해자'가 되었다는 걸 똑바로 인식해야 합니다. 일본은 '방사능 오염 국가'가 되어 버린 겁니다.

여기서 방사능 오염이 구체적으로 무엇을 말하는지, 얼마나 위험한지, 아주 기본적인 것을 정리해 보겠습니다.

① 방사능, 방사성 물질, 방사선

모든 물질은 잘게 쪼개 나가다 보면 '원자'라는 작은 입자에 다다릅니다. 수소, 산소, 철 원자 등 100가지가 넘는데, 이 '원자의 종류'를 단순하게 말할 때 '원소'라는 말을 씁니다. 현재 지구상에는 113종의 원소가 존재한다고 합니다. 그중 92종은 원래 자연계에 존재했지만, 나머지 21종은 인간이 만들어 낸 것입니다. 자연계에 존재하는 원자 중 가장 가벼운 것은 수소^{H}이고, 가장 무거운 것은 우라늄^{U}입니다.

원자를 더욱 자세히 들여다보면 '원자핵'이라는 중심 주위를 여러 개의 전자가 도는 구조입니다. 이 원자 중 몇 개는 원자핵이 불안정해서 어떤 조건을 부여하면 '핵분열'이라는 반응을 일으킵니다. 이때 어

2장. 일본은 방사능 오염 국가가 되었다

마어마한 열을 내는데, 이것을 한 번에 일으키는 것이 핵폭탄이고 천천히 일으켜서 전기를 생산하는 것이 원자력 발전입니다.

원자핵이 핵분열을 할 때는 열뿐만 아니라 '방사선'이라는 에너지를 냅니다. 핵분열을 하여 방사선을 내는 물질을 '방사성 물질'이라고 합니다. 방사선과 방사성 물질은 똑바로 구별해야만 합니다.

1999년 9월 30일, 이바라키 현 도카이무라에 있는 핵연료 가공 시설(주식회사 JCO)에서 사고가 일어났습니다. 국가 관리 규정을 무시하고 규격 용기 대신 보통 스테인리스 통에 우라늄 화합물을 섞은 탓에 우라늄이 순식간에 임계에 달해 버린 사건이죠. 임계는 연속적인 핵분열이 일어난다는 뜻입니다. 다시 말해, 아무런 방호벽도 없는 장소에 갑자기 소형 원자로가 생겨 버린 것입니다. 기막힌 일이지요.

시설 주변에는 강한 방사선이 방출되었고 많은 사람들이 피폭을 당했습니다. 작업을 하던 사람은 나중에 방사선 장애로 비참한 죽음을 맞았습니다. 이 사고 때는 '방사선'만 누출되었고, 방사선을 방출하는 '방사성 물질'은 시설 밖으로 퍼지지 않았습니다. 이럴 땐 임계가 진정되면 방사선도 방출되지 않습니다.

그러나 후쿠시마 사고 때는 시설 밖으로 새어 나온 방사성 물질이 뿜어 낸 방사선 때문에 멀리 있는 사람까지 피폭을 당했습니다. 원전을 봉쇄한다고 해도 한번 확산된 방사성 물질을 깨끗이 회수할 수는 없지요. 이 점에서 사고의 심각성이 다릅니다.

끝으로 '방사능'은 방사선을 방출하는 일 또는 그런 성질을 말합니다. 다만 일반적으로 '방사능'이라는 말은 방사성 물질과 같은 의미로

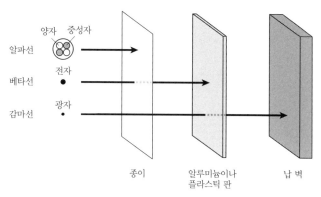

양자 중성자
알파선
전자
베타선
광자
감마선

종이   알루미늄이나   납 벽
플라스틱 판

그림 2.1 세 종류의 방사선

쓰는 경우가 많기 때문에 때에 따라 어떤 의미인지 주의할 필요가 있습니다. 예를 들어 '방사능 누출'이라는 표현에서 '방사능'은 대개 방사성 물질을 뜻합니다.

② 방사선의 종류

방사선에는 여러 종류가 있습니다. 후쿠시마 원전 사고로 인한 방사능 오염에서는 알파선, 베타선, 감마선 세 종류가 인체에 영향을 끼치는 방사선으로서 문제가 됩니다. 이 세 종류는 성질이 다르며(그림 2.1), 방사성 물질이 내뿜는 방사선도 다릅니다.

알파선은 에너지가 세서 위험하지만 투과력은 약합니다. 공기 중에서는 기껏해야 몇 센티미터밖에 나가지 않기 때문에 종이 한 장으로도 막을 수 있습니다. 그러니까 바깥에서 알파선을 쬐어 건강에 해를 입을 위험은 없다고 봐야겠죠. 다만 알파선을 뿜는 방사성 물질이

53

몸 안에 들어가면, 좁은 곳을 장시간 강한 에너지로 피폭시키기 때문에 아주 위험합니다. 알파선을 내뿜는 방사성 물질로는 플루토늄239, 우라늄238 따위가 있습니다.

베타선은 알파선보다는 멀리 퍼지는데, 그래도 공기 중에서는 기껏해야 몇십 센티미터죠. 얇은 알루미늄이나 플라스틱 판으로 막을 수 있습니다. 그러나 이것도 알파선과 마찬가지로 방사성 물질을 체내에 흡수하면 무척 위험합니다. 베타선을 내는 방사성 물질로는 스트론튬90, 세슘137 따위가 있습니다.

감마선은 훨씬 투과력이 좋습니다. 의료 현장에서 쓰는 X선도 여러 가지 감마선 가운데 하나랍니다. 인체도 간단히 투과하기 때문에 막아 내기 어렵지요. 10cm 두께의 납 벽으로 1/100~1/1,000까지 투과량을 줄일 수 있는데, 그런 걸 몸에 지니고 다닐 수는 없는 노릇이니 감마선 피폭을 막을 옷은 없습니다.

보통 '공간선량'이라고 하는 환경 중 방사선 양은, 대부분 감마선 양을 말합니다. 세 가지 방사선 가운데 감마선만 멀리까지 퍼지기 때문에 측정 지표로 삼기 쉬워서이지요.

③ 베크렐과 시버트

방사능, 방사선 양을 나타내는 단위로, 후쿠시마 원전 사고 이후에 빈번하게 보고 듣게 된 것이 베크렐Bq과 시버트Sv입니다.

베크렐은 방사능 세기를 나타내는 단위랍니다. 원자핵 하나가 1초 동안 분열되어 방사선을 뿜는 능력(방사능)이 1Bq이라고 정의되어 있습니다. 식품 등에 든 방사성 물질의 양을 나타낼 때 쓰는 것이 바로 베크렐입니다. 예를 들어, 어느 식품에 든 세슘137이 1초 동안 원자핵 500개로 핵분열을 해서 방사선을 뿜는다면 '세슘137이 500Bq'이라고 표현하지요.

이와 달리 시버트는 어떤 장소에서 나오는 방사선의 세기를 나타냅니다. 방사선의 세기를 나타낼 때 예전에는 그레이^{Gy}와 렘^{rem}이라는 단위를 썼습니다.(1Gy=100rem) 그 후 방사선에 따라 인체에 미치는 영향이 다르기 때문에 알파선처럼 영향이 큰 것은 큰 숫자로 나타내기로 했지요. 그래서 쓰기 시작한 단위가 시버트입니다. 감마선과 베타선은 '1Gy=1Sv'이지만, 알파선은 '1Gy=20Sv'입니다. 알파선이 감마선이나 베타선보다 20배 위험하다는 뜻입니다.

당연한 얘기지만, 방사선의 세기와 양은 피폭 시간이 길어질수록 수치가 높아집니다. 그래서 축적된 양을 나타낼 때 빼고는 단위 시간을 함께 표시합니다. 1Sv/h는 1시간당 1Sv라는 뜻입니다. 보통은 그렇게 강한 방사선 환경이 없기 때문에 1/1,000인 밀리시버트^{mSv}, 1/1,000,000인 마이크로시버트$^{\mu Sv}$라는 단위가 자주 쓰이지요. '일반인의 연간 허용 피폭량 1mSv'라는 건 연간 1mSv까지는 방사선을 쬐어도 괜찮다는 뜻입니다.

④ 반감기

원자핵이 분열하여 방사선을 내뿜는 시간은 방사성 물질마다 다릅니다. 어떤 방사성 물질이든 시간이 지나면 방사능이 천천히 줄어듭

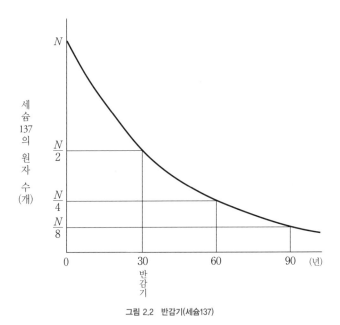

그림 2.2 반감기(세슘137)

니다. 방사능이 반으로 줄어들 때까지 걸리는 시간을, 그 방사성 물질의 '반감기'라고 합니다.(그림 2.2)

어린이의 갑상선암 원인이라고 알려진 요오드131은 반감기가 약 8일입니다. 8일 지나면 방사능이 반으로, 또 8일이 지나면 1/4로, 또 8일이 지나면 1/8로, 또 8일이 지나면(32일＝약 한 달) 1/16로 점점 줄어듭니다. 그러나 앞서 썼듯이, 플루토늄239의 반감기는 약 2만 4,000년, 우라늄235의 반감기는 7억 년, 우라늄238의 반감기는 45억 년이므로, 우리 인간의 일생이라는 시간 속에서 보면 사실상 전혀 줄어들지 않습니다.

후쿠시마 제1원전 사고 이후 가장 문제가 되었던 세슘137은 반감기가 약 30년, 스트론튬90은 약 29년이니까, 30년 후에야 겨우 반으로 줄어든다는 얘기지요.

지금으로서는 방사능을 제거하는 기술이 없습니다. '오염 제거'라는 말이 유행하고 있지만, 그저 방사성 물질을 이동시키는 것에 불과할 뿐 방사능이 없어지는 것은 아닙니다. 물에 씻겨 내려간 방사성 물질은 그대로 주변 땅에 스며들거나 하수를 타고 하류로, 마지막에는 바다로 천천히 이동해 갑니다. 지표면을 깎아 내도, 그 흙을 옮긴 곳에는 방사성 물질이 함께 옮겨 갑니다.

물질은 기본적으로 위에서 아래로 흐르기 때문에, 바닷가의 오염은 시간이 지날수록 심해질 테지요. 도쿄 만의 오염이 정점에 달하는 시기는 2014년이라고 예측한 조사 보고서도 있습니다.

외부 피폭과 내부 피폭

방사선은 목숨도 앗아 갑니다. 방사선을 전신에 쬘 경우, 2Sv일 때 5%, 4Sv일 때 50%, 7Sv일 때 99%의 사람이 사망합니다. 보도에 따르면 후쿠시마 제1원전의 1호기와 2호기 사이에 있는 배기통 부근에서 매시간 10Sv가 넘는 방사선이 측정됐다고 합니다. 이는 측정기가 잴 수 있는 상한치를 초과한 것으로, 거기서는 누구나 죽을 수밖에 없는 거죠.

그런데 자연계에도 아주 낮은 수치이긴 하지만 방사선이 존재합니다. 생물은 원래 모두 다 피폭을 당하며 살아갑니다. 일본은 일반인의 연간 허용 피폭량이 1mSv로 정해져 있지만, 이 세상에는 자연 방사선만 연간 1mSv가 넘는 장소도 있고, 그러한 곳에서도 사람들은 평범하게 살고 있습니다.

원전 노동자와 방사선사 등 '방사선 업무 종사자'의 피폭 한도는 5년간 100mSv 이하, 연간 50mSv 이하로 정해져 있습니다. 그런데 후쿠시마 제1원전 사고 대응에 한해서 연간 50mSv 상한을 철폐하고, 5년간 누적 상한 100mSv도 250mSv까지 높였습니다.

원전 건설을 추진해 온 학자들은 '연간 100mSv 이하라면 건강 피해는 없다'고 주장합니다. 반면에 '방사선은 몇 mSv 이하라면 안전하다고 할 수 있는 경계 값이 없다. 무조건 낮으면 낮을수록 좋다'고 주장하는 학자도 많습니다.

주의해야 할 것은, 여기서 논의되는 연간 xmSv라는 값은, 대부분 몸 외부에서 쬐는 감마선 양이라는 겁니다. 이것을 '외부 피폭'이라고 말합니다. 이와 달리 방사선을 내뿜는 방사성 물질이 체내에 흡수돼 몸 내부에서 계속 피폭당하는 일을 '내부 피폭'이라고 합니다. 외부 피폭보다 내부 피폭이 훨씬 무섭다는 건 말할 필요도 없지요. 그러나 내부 피폭이 얼마나 일어나고 있는지에 대한 조사나 검증은 거의 이루어져 있지 않습니다.

원전 노동자는 누적 방사선 측정기를 지니고 작업하는데, 외부 방사선 양을 측정할 뿐이어서 그 사람이 방사성 물질을 흡수해 버렸는지 아닌지는 알 수 없습니다. 체내 피폭량을 측정하는 '전신 계수기'

Whole-body counter도 있지만, 이 장치를 써도 알파선과 베타선은 검출할 수 없습니다. 플루토늄을 폐에 흡수해 장기간 알파선 피폭을 당해도, 그걸 확인할 방법은 없는 겁니다.

원전 사고 후 공간선량이 증가한 것은 방출된 방사성 물질 때문입니다. 방사선 수치가 높은 장소에는 그만큼 많은 방사성 물질이 흩어져 존재하기 때문에, 그 물질이 입과 코를 통해 체내에 들어가 내부 피폭을 일으킬 위험성도 그만큼 높습니다.

텔레비전이 방사능 피해를 키웠다

후쿠시마 제1원전에서 방사성 물질이 대량 누출되어 일본이 방사능에 온통 오염된 걸 알게 된 3월 후반, 텔레비전과 신문에서는 안전 캠페인이 한창 벌어졌습니다. 예를 들면 "흉부 X선 검사를 한 번 받으면 400μSv 피폭당한다. 도쿄와 뉴욕을 비행기로 왕복하면 200μSv 피폭당한다. 그에 비하면 겨우 몇 μSv/h는 전혀 문제가 되지 않는다." 같은 설명이 자주 등장했는데, 이건 잘못된 정보입니다.

X선 검사를 받거나 비행기로 태평양 횡단을 할 때 방사성 물질이 우리를 둘러쌀 일은 없습니다. X선 검사 때는 X선을 방출하는 장치가 완전히 차폐되고, 비행기에서 일어나는 피폭은 우주선宇宙線(우주 공간에서 쏟아져 내리는 높은 에너지의 방사선) 때문입니다. 다시 말해 X선 검사를 받든 비행기로 태평양을 횡단하든, '방사성 물질'이 체내에 흡수돼 내부 피폭을 일으킬 위험성은 없는 거지요.

반면에 지금 우리가 경험하고 있는 '공간선량 $\chi\mu Sv/h$'라는 방사선은 방사성 물질이 확실히 우리 주변에 퍼져 '거기 있는' 상태이기 때문에, 코나 입을 통해 체내에 들어갈 가능성이 항상 있습니다. X선 검사나 비행기를 타는 것과는 전혀 다른 이야기입니다. 또한 내가 사는 환경이 방사성 물질에 오염되지 않았더라도 먹을 것과 마실 것에 방사성 물질이 섞여 있으면 섭취를 통해 내부 피폭을 당하게 되므로, 당연히 음식의 방사능 오염을 경계해야 하지요.

그런데 3월 내내 텔레비전과 신문에서는 내부 피폭과 외부 피폭을 구별하지 않고 엉터리 해설을 쏟아 냈습니다. 예를 들어 3월 20일, 이바라키 현 히타치 시에서 노지 재배를 하던 시금치에서 1kg당 5만 4,000Bq의 방사성 요오드가 검출되었다는 뉴스가 나왔습니다. 100g만 먹어도 5,400Bq의 방사성 요오드를 체내에 흡수하게 되는 거죠.

그런데 어떤 방송에서는 긴키대학 원자력연구소 소장이라는 '전문가'를 불러 'kg당 세슘이 5만 4,100Bq 든 시금치가 발견됐지만, 84kg 넘게 먹지만 않으면 100mSv가 되지 않으니 안전하다'는 따위로 설명을 하더군요. 정말 어처구니없는 얘기죠.

우선 베크렐은 방사능의 세기이고, 시버트는 방사선의 세기를 나타내는, 애초에 다른 단위이거든요. 방송에서는 '방사성 핵종에 대한 실효 선량 계수'라는 걸 써서 베크렐을 시버트로 환산했지만, 시버트로 나타내는 건 '외부 피폭'이고 베크렐로 나타내는 건 '내부 피폭'입니다. 외부에서 감마선을 쬐는 것과 체내에 들어온 방사성 물질에서 나오는 방사선을 인체가 항상 받아들이는 상태는 위험성이 완전히 다

룹니다.

가령 연간 100mSv의 방사선을 외부에서 쬐었을 때 건강에 문제가 없다고 가정해 봅시다. 어디까지나 가정이지 정말 그렇다는 건 아닙니다. 그러면 연간 100mSv의 방사선을 내뿜는 방사성 물질을 몸에 넣어도 괜찮을까요? 이건 전혀 다른 이야기지요.

몸속에 들어간 방사성 물질은 소변이나 땀에 섞여서 체외로 천천히 배출되기 때문에, 열 개를 취했다고 해서 체내에 계속 열 개가 남아 있는 것은 아닙니다. 체외로 배출되는 것까지 포함해서 방사능이 반으로 줄어들 때까지 걸리는 시간을 '생물학적 반감기'라고 합니다. 그런데 어디에 어떤 상태로 들어갔느냐에 따라 방사성 물질은 체내에 아주 장기간 머무르기도 합니다.

플루토늄은 먹을 것에 섞여서 위에 들어가더라도 거의 다 이물질로 배출되지만, 폐에 들어가 폐포에 달라붙으면 장기간 머물면서 에너지가 강한 알파선을 방출하여 폐암을 일으킵니다. 이러한 위험성은 양보다는 확률 문제이므로 시버트나 베크렐 같은 단위로는 다 측정할 수 없습니다. 말하자면 '운'이지요.

텔레비전에 불려 나와 안전을 강조하던 학자들이 이런 기본적인 사실을 모를 리는 없습니다. 알면서도 이런 해설을 반복하여 사람들에게 잘못된 지식을 심어 준 것이니, 이것은 범죄 행위라고 할 수 있습니다. 물론 마구 방송해 댄 방송국의 책임도 큽니다.

방사능과 어디까지 공존할 수 있나

한편으로, 방사선이 건강에 극단적으로 위험하다고 소리 높여 외치며 사람들의 불안을 부채질하는 것도 결코 바람직한 일은 아닙니다.

원전 사고 후에 일본에서는 '연간 1mSv 논쟁'이 확산되었습니다. 원래 일본은 일반인의 방사선 피폭 허용 기준을 연간 1mSv로 정해 두었으니 이 기준을 조금이라도 넘는 장소에 사는 건 위험한 짓이다, 극히 적은 양이라 해도 방사성 물질이 들어 있을지 모르는 먹을거리는 유통하지 마라, 이제 후쿠시마에 사람이 살 수 없으니 정부가 나서서 전원 강제 대피를 시켜야 한다, 그런 곳에서 아이를 기르는 것은 살인 행위다 등등. 인터넷에는 이런 주장이 넘쳐 났습니다.

그러나 문제는 그렇게 단순하지 않습니다. 지금부터 하나씩 냉정하게 정리해 보겠습니다. 우선 '일반인의 방사선 피폭 한도가 연간 1mSv'라는 건, ICRP(국제방사선방호위원회)가 1990년에 제출한 '방사선량 한도' 보고에 기초한 것입니다. ICRP는 방사선 방호에 관한 권고를 내는 국제 조직입니다.

ICRP의 권고에는 X선이나 CT 스캔 등 검사에 의한 의료 피폭, 대지와 우주에서 방출되는 자연 방사선은 제외되어 있습니다. 이들을 뺀 피폭 원인 물질, 즉 후쿠시마 제1원전에서 날아온 방사성 물질 따위에서 쬐는 방사선 양의 합계를 이 수치 이하로 억제해야 한다고 보고서는 권고했습니다. 나아가 방사선사와 원자로 연구자, 원전 노동자처럼 방사선 업무에 종사하는 사람의 피폭 한도는 무작위로 5년을 평균 내어 연간 20mSv로 권고했습니다. 5년 동안 100mSv이며, 다만 1년에 50mSv를 넘어서는 안 된다는 말도 덧붙였습니다. 일반인은 1년에 1mSv, 단 5년 동안 5mSv를 넘지 않으면 어느 한 해에 1mSv를 넘어도 허용한다고 되어 있습니다.

주의해서 보아야 할 것은, 여기서 정한 연간 1mSv가 '의료 피폭과 자연 방사선 피폭은 뺀 수치'라는 점입니다. 널리 알려졌듯이 흉부 X선 검사를 한 번 하면 약 400μSv(0.4mSv), 도쿄와 뉴욕을 비행기로 왕복하면 약 200μSv(0.2mSv) 피폭당합니다. 비행기 조종사와 객실 승무원이 연간 도쿄와 뉴욕을 50번 왕복했다고 치면, 그것만으로도 피폭량은 10mSv가 되지요. 그런데 이러한 피폭은 아무리 당해도 계산에 넣지 않고 그 밖의 피폭량만 가지고 1mSv를 지키라니, 상당히 이상한 규정이기는 합니다.

또한 문부과학성 홍보에 따르면 대지에서 나오는 방사선과 우주에서 오는 방사선을 합한 자연 방사선이 연평균 약 0.67mSv라고 하는데, 이것도 제외하도록 되어 있습니다. 그러고 보면 연간 1mSv라는 수치에 연연해서 스트레스를 받는 게 오히려 해롭겠단 생각이 듭니다. 현실을 보면, 후쿠시마 현뿐만 아니라 수도권을 포함한 간토와 도호쿠의 넓은 지역에서 연간 피폭량을 1mSv 이하로 억제하기는 힘들어졌으니까요.

해가 바뀐 2012년 1월, 지바 현의 어느 절에 시청 직원이 방문해 경내 여기저기에서 방사선 양을 측정해 갔습니다. 경내는 평균 0.3, 지표면은 0.6μSv/h 전후였습니다. 장소에 따라 지표면에서 약 2.2μSv/h,

지상 1m에서 0.85µSv/h인 곳도 있었습니다. 그리고 가장 높은 곳이 6µSv/h였다고 합니다. 그래도 6개월 전에 비하면 반 이하로 줄어든 것입니다. 원전 30km권인 가와우치무라 중심부보다도 훨씬 높은 수치이긴 하지만요.

지금은 모두 아는 사실이지만, 원전에서 상당히 떨어진 곳 중에도 주위에 비해 방사선 수치가 높은 장소가 많이 있습니다. '핫스팟'이라 불리는 곳이죠. 그러한 지역에 사는 사람들에게 연간 1mSv 이하 피폭은 어림없습니다. 그런데도 그런 곳에 있으면 안 된다는 둥, 빨리 도망쳐야 한다는 둥 소란을 떠는 것은 가뜩이나 스트레스가 많은 현실 생활에 또 다른 스트레스를 떠안기는 일입니다. 온 세상이 그런 식으로만 얘기하게 되는 게 훨씬 무서운 일 아닐까요?

무서운 건 내부 피폭

외부 피폭에 의한 피폭량 연간 1mSv라는 숫자에 연연하기보다는 내부 피폭의 위험성을 줄이는 일이 훨씬 중요합니다. 이미 설명했지만, 내부 피폭이란 방사성 물질이 체내에 흡수돼 인체가 계속 피폭당하는 걸 말합니다.

그런데 자연 방사선과 마찬가지로, 인간 몸에는 원래 미량의 방사능이 있습니다. 예를 들면, 칼륨이라는 원소는 동식물에게 빼놓을 수 없는 물질로, 인간 몸에도 체중 1kg당 약 2g이 함유되어 있습니다. 그 중 0.1%는 칼륨40이라는 방사성 물질입니다. 칼륨 1g당 방사능 강도가 30.4Bq이니까, 체중이 60kg인 사람은 칼륨 방사능만으로 3,600Bq 정도의 방사능을 원래 몸에 지니고 있는 셈이지요. 그 밖에 탄소14라는 방사성 물질도 있는데, 체중이 60kg인 사람은 4,000Bq 정도의 방사능을 갖고 있는 셈입니다.

칼륨은 화강암 같은 암석에 많이 함유되어 있어서, 화강암층이 많은 서일본이 동일본보다 자연 방사선 수치가 대체로 높습니다. 식물에도 원래 칼륨이 함유되어 있어서, 백미 1kg에 함유된 칼륨은 약 33Bq의 방사능을 갖고 있습니다. 밀가루와 옥수수에는 백미보다 한 자릿수 많은 칼륨이 들어 있고, 미역, 다시마, 톳 같은 해조류에는 두 자릿수 많은 칼륨이 함유되어 있습니다.

원전 사고 이후 가장 화제가 된 세슘은 칼륨과 성질이 많이 닮았다고 합니다. 인체를 구성하는 칼륨만으로도 수천 베크렐이나 되는 방사능을 갖고 있는 인간이 겨우 수백 베크렐에 불과한 세슘을 가지고 소란을 떠는 건 바보짓이라고 말하는 학자도 많더군요. 반면에, 칼륨은 인류가 탄생하기 전부터 지구상에 있었지만 방사성 세슘은 인간이 원자력을 발견하고 나서 인위적으로 만들어 낸 물질이기 때문에 원래 존재하지도 않았던 세슘을 칼륨과 같은 선상에서 논할 수는 없다고 말하는 학자도 있습니다. 실제로 세슘은 암이나 백혈병뿐만 아니라 심근경색과 면역력 저하와도 관련 있다는 연구 발표가 있습니다.

벨라루스는 체르노빌 사고로 심각하게 오염된 나라입니다. 사고 당시에는 독립하기 전이어서 구소련의 일부였지요. 벨라루스 고메리 의과대학에서 학장을 맡고 있던 반다제프스키 박사는 「인체에 흡수된 방사성 세슘의 의학적 영향」이라는 논문을 발표했습니다. 이 논문에는 고메리 시내에서 1997년에 병사한 사람을 병리 해부한 보고가 담겨 있습니다. 내장을 하나씩 꺼내 방사능을 측정한 결과, 세슘137이 장기에 쉽게 쌓이고 특히 어린아이들의 갑상선과 심장과 소장에 더 많이 축적된다는 결론을 얻었다고 합니다. 예를 들어 갑상선의 경우 어른은 약 400Bq/kg이 측정된 데 비해 아이들은 3배 높은 1,200Bq/kg이었다는군요.

또한 심장 같은 순환기계 질병으로 사망한 사람과 위나 장 등 소화기계 질병으로 사망한 사람의 심장을 비교한 결과, 순환기계 질병으로 사망한 사람의 심장에 세슘137이 더 많이 축적되었다는 결과도 얻었습니다.

이런 보고를 읽으면 역시 세슘은 무섭다는 생각이 들지만, 제가 알기로는 반다제프스키 박사의 논문이 유일한 관련 자료입니다. 보고된 사례가 적기 때문에 이에 대해 의문을 표하는 의사와 학자도 많고 아직 알 수 없는 것투성이입니다.

다시 말해, 미량의 세슘이 체내에 들어갔을 때 어떤 일이 벌어지는가에 대해서 인류는 자세하고 정확한 데이터를 아직 갖지 못한 것입니다. 바로 지금 일본에서 그 실험이 벌어지고 있다 해도 과언이 아닌 거죠. 그렇다면 앞으로 데이터를 정확하게 모으고 분석하는 작업이 진행될까요. 그간의 대응 과정으로 미루어, 그런 기대는 무리라고 봅니다.

검출하기 쉬운 세슘조차 이 정도밖에는 알지 못합니다. 검출이 어려운 플루토늄과 스트론튬 등은 더하겠지요. 세슘보다 영향이 클 것으로 예상되는 이 방사성 물질들은 몸에 어느 정도나 흡수됐는지조차 확인할 방법이 없습니다. 알지 못하는 이상, 위험을 조금이라도 줄이려면 방사능 오염이 심한 지역에 들어가지 않고, 방사성 물질을 빨아들이거나 마실 만한 상황은 피하려고 노력하는 수밖에 없습니다.

이런 일을 생각하면서 살아가야만 하게 된 일본. 나라 전체가 피폭 실험장이 되어 버린 일본. 그 사실을 받아들이기 어렵기 때문에 더욱 안타깝습니다.

현실을 직시하는 용기와 노력

3·11 이후에 우리는 좋든 싫든 방사능에 대해 넓고 깊게 공부해야만 하게 되었습니다. 저 역시 짧은 기간에 방대한 양의 정보를 접하고, 진위를 파악하고, 스스로 판단하는 일을 날마다 계속하고 있습니다.

인류가 아직 경험한 적 없는 상황이 벌어졌기에 진실을 알기는 어렵습니다. 그렇지만 느리더라도 알기 위해 노력할 수밖에 없지요. 내 목숨은 내가 지킬 수밖에 없어서이기도 하지만, 제겐 또 다른 이유가 있습니다. 더 이상 속거나 이용당하고 싶지 않기 때문입니다. 3·11 이후 거의 1년이 지난 지금, 저는 이렇게 생각합니다.

① 일본이 지금까지 경험한 적 없는 양의 방사성 물질에 오염된 것은 피할 수 없는 사실이다.

② 후쿠시마 시, 고오리야마 시를 비롯해 외부 피폭량이 연간 1mSv가 넘는 장소가 많은데, 그곳에서 살지 말라고 하는 건 너무나 비현실적이다.

③ 외부 피폭이 전부라면 지금 수치로도 그렇게 겁낼 건 없다. 무서운 건 방사성 물질이 몸속에 들어가 버리는 내부 피폭이다.

④ 미량의 세슘이 몸속에 들어가는 건 거의 피할 방법이 없다.

⑤ 베타선을 내는 스트론튬90과 알파선을 내는 플루토늄239가 체내에 들어가면 세슘 이상으로 무섭다. 그러나 이 두 방사성 물질이 얼마나 확산되었는지에 대한 데이터는 거의 공표되지 않았다.

⑥ 방사성 물질 자체가 원인이 되어 병이 나는 것보다는 방사능에 대한 불안과 스트레스 때문에 정신 건강을 잃고 쉽게 병들거나 자살할 위험성이 훨씬 높다.

⑦ 정부의 무대책과 책임 회피, 언론의 정보 은폐 등이 사태를 더욱 악화시키고 있다.

저는 이제 방사능 자체에는 거의 공포를 느끼지 않습니다. 특히 외부 피폭과 관련해 연간 몇 밀리시버트 이상은 위험하고 이하는 안전하다는 등, 그런 식으로는 생각하지 않습니다. 내부 피폭은 적당히만 두려워합니다. 미량의 세슘이 체내에 들어가는 건 막을 수 없다는 걸 인정하면서, 가능한 한 섭취하지 않도록 노력하지요. 스트론튬과 플루토늄이 체내에 들어갈 수 있다는 게 더 걱정되지만, 이 또한 완전히 피하기는 어렵습니다. 되도록 공간선량이 높은 곳에서 활동하지 않는 것 정도 말고는 별수 없을 테지요.

제가 가장 걱정하는 건 온 일본이 방사능 스트레스로 피폐해져 가는 것입니다. 불필요한 대립과 반목, 무지에서 비롯된 편견은 어떤 피해를 초래할 테고, 피해가 쌓이다 보면 몸뿐만 아니라 정신 건강까지 해칠 테니까요. 식품의 방사능 오염도 마찬가지입니다. 실제 오염 때문에 생기는 건강 피해보다도 먹을 것을 접할 때마다 방사능을 생각해야만 하는 데서 오는 정신적 피해, 거기에서 파급되는 경제적 피해의 크기를 생각하면 어찌해야 좋을지 모르겠습니다.

아부쿠마의 풍요로운 숲에 둘러싸여 자연이 주는 버섯과 산나물을 맛보는 기쁨은 이제 빼앗겼습니다. 그전까지 맛있게 먹던 생선과 고기를 앞에 놓고 세슘이 얼마나 들어 있을까 생각하게 되었으니 이제 순수하게 먹는 일을 즐길 수도 없습니다. 실제로는 건강에 아무 해도 끼치지 않는 게 많을 테지요. 그러나 조금이라도 나쁜 이미지를 가졌을 때 정신이 입는 피해는 말도 못하게 큽니다.

무엇보다, 나라를 이 지경으로 만들어 놓은 사람들이 아무 반성도 하지 않고, 벌을 받지도 않고, 여전히 조직의 우두머리를 맡아 권력을 행사하고 있는 현실에 절망을 느낍니다. 사고가 일어난 지 1년이 지났는데도, 보안원과 원자력안전위원회라는 조직은 해체되기는커녕 아무런 조직 개혁이나 재편도 하지 않고 사고 전과 같은 일을 하고 있습니다. 이렇게 큰 대가를 치렀는데도 일본이 전혀 변하지 않는다는 것이야말로 가장 무서운 일입니다.

3장. 무너진 커뮤니티

청개구리

일부러 방사선 수치가 높은 학교에 보내진 아이들

꽤 위험하다는 걸 알면서도 우리 부부는 3월 26일에 일시적으로 귀가하여 짐을 날랐습니다. 이대로 가다가는 가와우치무라가 출입 금지 구역으로 지정될지도 모른다는 걱정이 들었거든요. 시간이 지남에 따라 방사성 요오드(반감기 8일)가 사라져 가고 방사선 양은 점점 줄어들었지만, 주민이 사라진 원전 부근 지역에서는 도둑이 현금인출기를 부수고 몇 억이나 되는 돈을 훔쳐 갈 만큼 활개를 쳤습니다.

3월 30일, 후쿠시마 현 지사는 정부에 "원전에서 20km 안쪽을 강제력이 없는 '피난 지시 구역'이 아니라 출입을 금지할 수 있고 법으로 처벌할 수도 있는 '경계 구역'으로 지정해 달라"고 요청했습니다. 방사능 오염은 원전에서 얼마나 떨어져 있는지와 관계없습니다. 여기저기 핫스팟이 흩어져 있고, 20km 안쪽인데도 오히려 오염이 덜한 곳도 있습니다. 미나미소마 시 해안 지역은 20km 안쪽인데도 고오리야마 시나 후쿠시마 시보다 방사선 양이 적은 곳이 많았습니다. 상품 유통도 정상화되어 주민들도 서서히 평소 생활로 돌아가려던 참이었지요. 그런 곳이 강제로 출입 금지 구역이 되면 주민들은 또다시 혼란을 겪게 됩니다.

그런데 정부는 후쿠시마 현의 요청을 들어 주는 형태로, 4월 18일경부터 갑자기 원전에서 20km 안쪽을 '경계 구역'으로 지정하겠다고 인근 지자체들에 통보했습니다. 그리고 그 직후인 4월 22일에 정말로 20km 안쪽은 출입할 수 없는 '경계 구역'이 되었습니다.

그렇게 할 거였으면 방사능이 가장 강했던 3월 15일 이전에 했어야지요. 그때 망설이고 있던 주민을 강제로 피난시켰다면, 많은 사람들이 괜스레 피폭당하는 일은 막을 수 있었을 테니 말입니다. 정작 조치가 필요할 땐 한 달 넘게 방치해 실컷 피폭당하게 해 놓고, 주민이 죽을 각오로 삶을 다시 일으키려 하니 집에서 나가라고 명령한 것입니다.

미나미소마 시 하라마치 구는, 남쪽 일부가 20km 안쪽에 포함돼 갑자기 주민이 쫓겨났습니다. 하라마치 구의 대부분은 20km 밖이어서, 조금만 북쪽으로 가면 평소대로 편의점이 열려 있고, 사람들이 장을 보고 있었습니다. 그런 모습을 빤히 보면서 느닷없이 집에서 나가라는 말을 들었으니 주민들은 기가 막히는 겁니다.

원전에서 20km 안쪽이 '경계 구역'으로 지정됨과 동시에, 20~30km 사이 도넛 모양에 해당하는 지역에는 '비상시 피난 준비 구역'이라는 이름이 붙었습니다. '남아 있어도 좋지만, 여차할 때는 바로 도망칠 수 있게 준비해야만 하고, 따라서 의료 시설과 학교는 다시 열 수 없는 지역'이 되었지요.

이 때문에, 오염이 덜한 미나미소마 시 해안 지역에 남아 있던 아이들은 버스에 실려 방사선 수치가 높은 30km 안쪽 학교로 가야 했습니다. 날마다 운행비만 100만 엔이 드는 버스를 타고 일부러 방사선 수치가 높은 곳으로 이동해 수업을 받게 된 겁니다. 국가가 명령하고 돈을 들여 원래 학교에 다닐 때보다 더 많이 피폭당하게 만들었으니, 이런 바보 같은 얘기가 또 있을까요.

30km권 우리 집으로 돌아가다

가와우치무라 우리 집도 30km 안쪽에 있어서 '비상시 피난 준비 구역'으로 지정되었습니다. 드나들어도 벌을 받지는 않지만 의료 시설과 학교는 다시 열 수 없다고 하니, 사실상 아이가 있는 집은 돌아올 수 없게 되었지요. 면사무소도 고오리야마 시 피난소로 옮겨 가 버려서 돌아오지 않았습니다. 그래도 몇몇 벗들은 마을로 돌아와 평범한 생활을 시작했습니다.

우리 부부는 아이가 없어서 학교가 열리지 않아도 곤란할 게 없습니다. 의료 기관이 닫힌 것은 조금 불편하지만, 원래 가와우치무라에 의료 기관이라곤 '유후네'라는 시설 한 곳밖에 없었습니다. 내과와 치과 진료만 받을 수 있어서 안과라도 가려면 다른 마을까지 나가야 했고요.

사는 데 우선 필요한 건 통신(인터넷)과 택배나 우편 같은 운송 수단인데, 4월 하순에 일본 우편과 야마토 운수가 거의 동시에 영업을 재개했습니다. 덕분에 일하는 데 큰 어려움은 없어져서 일단 집에 돌아가기로 했습니다. 마사이 씨를 비롯해 사고 직후 피난 갔던 벗들 중 몇 명은 벌써 마을에 돌아와 있었지요.

가와우치무라에 돌아가면, 가와사키 시의 옛 작업장에 있을 때와 비교해 방사선 피폭량이 약 2배가 됩니다. 하지만 후쿠시마 시와 고오리야마 시에 비하면 낮은 수치이고, 또 외부 피폭만 따지면 겁먹을 환경도 아니었습니다.

4월 말, 우리는 다시 짐을 싸서 가와우치무라 집으로 돌아왔습니다. 저나 아내나 조금도 주저하지 않았습니다. 비장한 결의 따위도 필요 없었고요. 통신과 운송도 재개되어 불편은 없을 것 같으니 돌아가자는 것뿐이었지요. 조용해져서 오히려 살기 좋아진 게 아닐까 하는 생각조차 했습니다. 숲이 깎여 나가거나 불필요한 공공 공사 때문에 스트레스 받을 일은 당분간 없을 테니, 느긋하게 본래 꿈꾸었던 '산 생활'을 할 수 있을 거라는 기대가 들 정도였지요.

한편으로는 마을에 남아 있는 벗들과 함께, 방사능으로 오염된 아부쿠마에서 진짜 '자립 경제', '자연과의 공존', '순환형 사회 구축'이라는 주제로 다시 시민운동을 시작해 보고 싶기도 했습니다. 후쿠시마는, 아니 일본은 이렇게 큰 잘못을 한 이상, 이런 일이 왜 일어났는지 돌이켜보고 반성해야 합니다. 저는 이번에야말로 환경을 해치지 않으면서 자립된 경제 기반을 만들 수 있지 않을까 내심 기대했습니다.

그것이 물러 터진 생각이었다는 건 금방 알게 되었지요. 근처 집들엔 사람들이 반쯤 돌아와 있었는데 대부분 노인들이었습니다. 산책할 때 곧잘 마주쳐서 이야기를 나누는 독거노인 M 씨(70대 남성)는 고오리야마 시 피난소 생활에 대해 이런 이야기를 들려주었습니다.

"날이면 날마다 아무것도 하지 않으면서, 삼시 세 끼 밥 먹고 낮잠 자고 속옷이랑 옷까지 받아. 도쿄전력에서 임시 지급한 보상금이며 의연금 덕에 돈은 있으니까, 피난소 근처 파친코 가게며 술집은 날마다 북적대. 매일 축제라도 벌이는 것 같았어. 하지만 몸이 점점 무뎌져서 이대로는 안 되겠다 싶어서 돌아왔네. 두 달이나 그런 데 있었던 얼간이는 나뿐이야."

아들 부부와 같이 살던 S 씨(80대 남성)는 "혼자 남아 눈치 볼 것 없으니 기분 좋군." 하고 센 척을 하더니, 나중에는 밥도 먹지 않고 술만 마셔서 주위를 걱정시켰습니다.

그들은 자식과 손자들이 사라진 마을에서 지금까지 그래 왔듯이 날마다 밭과 마당의 풀을 뽑으며 지냈는데, 얼마 지나지 않아 한 사람 두 사람 모습을 감추었습니다. 어찌 된 일인지 이웃들에게 물으면, 뇌경색, 심근경색, 우울증 등으로 입원하거나 돌아가셨다는 답이 돌아왔습니다.

한창 일할 나이인 사람들은 좀처럼 마을에 돌아오지 않았습니다. 아이가 다닐 학교가 문을 열지 않은 게 가장 큰 이유였지만, '돌아가도 일이 없다', '돌아가면 보상금을 못 받게 된다'는 것도 주요 이유였습니다. 겸업농가가 대부분인 마을이다 보니 대개 부부가 함께 마을 밖으로 맞벌이를 나갔더랬지요. 그런데 후쿠오카마치와 오쿠마마치가 괴멸 상태가 되어 직장이 사라져 버렸다는 사람이 많았습니다.

우리 부부는 평소처럼 생활했지만, 주위 노인들이 차례차례 입원하거나 세상을 떠나는 모습을 보니 마음이 무거웠습니다. 그래도 할 수 있는 일부터 천천히 해 나가기로 했습니다. 외부의 협력을 얻어 토양과 수질을 검사하고, 자연을 사랑해서 아부쿠마에 사는 사람들과의 네트워크를 강화하기 위해 벗들과 이타테무라 집회에 나가기도 했지요. 지금까지 그랬듯이 사진 일기를 날마다 인터넷에 올려서 30km 안쪽 지역에서 사는 사람들의 생생한 모습을 세상에 알리기도 했습니다.

텔레비전이 전해 주는 영상과의 간극

가와우치무라는 20km 경계선을 사이에 두고 '경계 구역'과 '비상시 피난 준비 구역'으로 나누어졌습니다. 20km 안쪽 지역 중 바다와 가까운 마을 주민들도 집에 돌아갈 수 없게 되었지요. 그러나 실제로는 20km 안쪽에 사는 많은 사람들이 검문이 없는 뒷길과 숲길을 통해 집에 드나들며 짐과 자동차를 꺼내 왔습니다. 지시를 어긴 채 집에서 나오려고 하지 않는 사람도 몇 명 있었고요.

텔레비전에서는 20km 안쪽 사람들이 지정된 날에 버스에 실려 딱 두 시간 동안만 집에 돌아가는 '일시 귀가' 모습을 요란하게 보도했는데, 제가 보기에는 언론을 위한 '쇼'였을 뿐입니다. 방사선 수치가 그다지 높지 않은 곳에 가면서 타이벡 슈트라는 일회용 통옷을 머리부터 뒤집어씌우고, 무전기와 누적 방사선 측정기, 쓰레기봉투처럼 생긴 비닐 봉투를 하나씩 쥐여 주며 "한 시간 안에 여기 들어갈 만큼 물건을 담아 와도 돼요."라고 하는 어처구니없는 이벤트였던 거죠.

텔레비전 보도에서는 타이벡 슈트를 '방사선 방호복'이라고 했지만, 단순히 폴리에틸렌 부직포여서 방사선(감마선)을 막는 효과는 없습니다. 감마선은 몸을 뚫고 나가 멀리까지 닿는데, 이것을 차폐하려면 납판 같은 중량급 물건이 필요합니다. 타이벡 슈트는 달라붙은 방사성 물질을 간단히 '벗어 버리기' 위한 것, 즉 '방호복'이 아니라 '방오복'입니다.

게다가 가와우치무라는 20km 안쪽이기는 해도 방사선 수치가 낮은 장소가 많았기 때문에 타이벡 슈트를 일일이 입을 필요가 없었지요. 오히려 슈트를 뒤집어씀으로써 무더위에 시달려 몸 상태가 나빠질 위험이 훨씬 높았습니다. 실제로 그 쇼가 한창일 때 타이벡 슈트 속에서 찜통 더위를 겪는 바람에 속이 울렁거린다는 사람이 속출했습니다.

20km 경계 검문소 못 미쳐서 가와우치무라 우체국이 있습니다. '일시 귀가 쇼'가 벌어진 그날 우체국으로 우표를 사러 갔는데, 출발지 마을의 체육관에 모인 엄청난 보도진을 곁눈질하며 제 방사선 측정기를 보니 0.2μSv 이하였습니다. 수도권과 거의 같은 수치였지요. 지바현의 가시와 시, 도쿄 도의 아라카와 구, 아다치 구 등에는 이보다 방사선 수치가 훨씬 높은 곳도 있었습니다.

이날 고오리야마 종합청사 앞의 방사선 양은 1.5μSv였고, 가와우치무라 중심부는 고오리야마 시보다 한 자릿수 낮았는데, 버스에 오르기 전부터 타이벡 슈트를 뒤집어쓰고 긴장한 보도진의 모습이 어찌나 우습던지요!(그림 3.1)

한심하고 허망한 마음을 안고 집으로 돌아가려 할 때, 북적거리는 사람들 속에서 하릴없이 우두커니 서 있는 면장이 보였습니다. 다가가서 말을 걸었지요. 한동안 서서 이야기를 나누다가 면장이 "밥 먹으러 갑시다." 하기에 면장 차를 함께 타고 가까운 여관에 갔습니다.* 면 상공회장과 면의회 의원을 맡은 이데 시게루 씨가 경영하는 여관이었

---

* 일본 전통 여관은 단순한 숙박 시설이 아니라 식사와 온천을 즐길 수 있는 곳이다.

그림 3.1 경계 구역으로 향하는 보도진 버스

는데, 면장과 이데 씨는 어릴 때부터 친하게 지낸 친구입니다.

점심을 먹으면서 면장은 이렇게 말했습니다.

"마을에 돌아오면 목가적인 풍경이 맞아 줘서 정말 마음이 푸근해요. 아아, 역시 가와우치무라는 이렇게 자연에 둘러싸인 풍경이 좋구나 싶어요. 앞으로 어떤 마을로 만들어 갈까, 나 나름대로 벌써 그림도 그리고 있어요. 하지만 근대화를 하자든가 그런 생각은 전혀 없어요. 이 마을의 장점을 없애면 본전도 못 찾을 테니까."

저도 면장의 이 말을 믿고 어떻게든 마을이 좋은 방향으로 나갈 수 있도록, 할 수 있는 일은 다 하자고 마음먹었습니다. 면장과 헤어져 집에 돌아오니 면장이 눈물을 글썽이며 인터뷰하는 모습이 텔레비전에 나오고 있었습니다.

"분하지요. 내 집에 돌아가는데 타이벡 슈트를 입고…… 이상해요…… 이런 일……."

그 장면만 텔레비전으로 본 사람들한테는 면장의 '분하다'는 말에

3·11 이후를 살아갈 어린 벗들에게

담긴 진짜 의미가 뭔지 전해지지 않았을 테지요. 단순히 마을이 방사능에 오염되어 버려서 분하다는 뜻 이상으로 복잡한 마음이 가득 담겨 있었을 겁니다.

정치라는 건 대립하는 상대의 뒤통수를 치거나, 열 가지 손실을 막기 위해 다섯 가지 손실을 교환 조건으로 받아들이거나 하는, 진흙탕 싸움이 벌어지는 세계입니다.

예를 들면 이런 거죠. 홋카이도에 본사를 둔 기업이 가와우치무라에 2,500kw 윈드터빈(풍력 발전용 대형 풍차) 26기를 세우겠다며 왔을 때, 그 기업은 면장에게 계획을 설명하기 전에 통장들 집을 돌며 유치에 협조해 달라고 공작을 폈습니다. 주민을 위한 설명회도 면장이 모르는 곳에서 했고요. 면장이 눈치챘을 때는 이미 유치 분위기가 굳어진 상태였지요. 주민들은 기업의 달콤한 말에 농락당했고, 공무원들과 의회 의원, 지역 토건업자 들은 마을에 돈이 들어오는 일이라면 얼마든지 환영이었으니까요. 그런 분위기 속에서 완전히 뒤처진 면장이 계획을 막는 건 쉬운 일이 아니었습니다.

그렇게 줄타기처럼 아슬아슬한 상황을 극복하고 지금까지 어렵사리 마을을 운영해 왔다고 자부하는 면장으로서는, 원전 사고 때문에 단번에 궁지에 몰려, 이제 이상적인 행정을 펼치기엔 절망적인 현실이 가장 분했을 겁니다. 하지만 텔레비전 카메라 앞에서 그런 말을 할 순 없었겠죠. 섣불리 입을 열었다가는 그 말만 편집돼 오해를 사기 십상이니까요. "분하지요."라는 말밖에 할 수 없었던 겁니다.

카메라 앞에서 딱딱한 대꾸만 하는 건 주민들도 마찬가지였습니다. 타이벡 슈트를 뒤집어쓴 채 버스에 오른 주민들은 자기들이 얼마나 바보 같은 짓을 강요당하고 있는지 잘 알았습니다. 그래도 마이크를 들이대면 "집을 살펴볼 수 있게 되어 기뻐요." 같은 무난한 대답을 할 수밖에 없었죠.

그러나 마을 안에서 주민들끼리 얼굴을 맞대고 나누는 대화는 달랐습니다.

"방사선 수치가 가장 높았을 때는 '안전하다'고 거짓말하며 우리를 버려 두고 아무 지시도 원조도 안 한 주제에, 방사선이 줄어들어서 안정이 되니까 이제 와선 집에 돌아가면 처벌하겠다니. 장난하는 것도 아니고."

이때쯤에는 다들 일일이 화를 내는 것도 피곤하니까 그만두자는 마음이었습니다. 그리고 그 후, 주민의 마음도 현장의 행정도 점점 이상한 방향으로 흘러갔습니다.

원조금은 어디로 갔는가

재해가 일어난 뒤 일본뿐만 아니라 전 세계에서 많은 의연금이 모였습니다. 피해 지역에 분배된 의연금은 어디에 어떻게 건네졌을까요?

가와우치무라에도 의연금이 도착했습니다. 쓰나미가 휩쓴 해안 지역과 달리 눈에 띄는 피해가 없었기 때문에 주민 모두에게 똑같은 돈이 분배되었지요.

맨 처음에 국가와 현에서 나온 의연금이 한 세대당 40만 엔, 마을에 직접 전해진 의연금이 1인당 5만 엔, 국가와 현에서 나온 2차 분배분이 1인당 28만 엔이었습니다. 아이가 셋 있는 5인 가족을 기준으로 하면 의연금만으로 한 세대당 205만 엔을 받은 게 됩니다.

한편, 같은 후쿠시마 현이라 해도 소마 시, 미나미소마 시 같은 해안 마을은 쓰나미 피해가 심각했기 때문에 의연금은 균등 분배되지 않고 피해가 큰 세대에 중점적으로 지급되었습니다. 예를 들어 소마 시에 전달된 의연금은 다음과 같이 분배되었습니다.

① 국가 의연금: 사망자와 행방불명자에게 1인당 35만 엔

가옥 전파와 전소 35만 엔, 반파와 반소 18만 엔

② 현 의연금: 1세대당 5만 엔

즉, 가족 중 죽은 사람이 없고 집도 무사한 세대에 돌아간 의연금은 현에서 준 5만 엔뿐이었습니다. 5인 가족 기준으로 205만 엔을 받은 가와우치무라와는 크게 차이가 납니다. 집이 망가지지 않았어도, 어업 종사자는 배와 항구 설비가 떠내려가서 일을 할 수 없게 되었고, 농업과 축산업 종사자는 방사능 오염으로 농축산물을 내다 팔 수 없게 되었는데도 말이죠.

그런 가운데 2011년 6월, 소마 시 다마노 지구라는 곳에 살면서 이웃 이타테무라에서 낙농을 하던 남성(55세)이 자살했다는 뉴스가 나왔습니다. 다른 가족은 처가가 있는 필리핀으로 피난을 가고 남자만 남아서 방사능 오염으로 팔 수도 없는 우유를 날마다 짜서 버려야만 했습니다. 젖소는 젖을 짜려고 개량한 품종이라서 날마다 젖을 짜 주지 않으면 유선염에 걸려 죽고 마니까요. 이렇게 비참한 상황에 몰렸

는데도 소마 시가 원전에서 30km 밖에 있다는 이유로 도쿄전력에서 임시로 지급한 보상금조차 받지 못했던 겁니다.

쓰나미 피해는 미야기 현과 이와테 현 해안 등 산리쿠[일본 동북 지방을 가리키는 명칭] 방면에서 심했습니다. 마을이 통째로 물에 잠긴 지역도 있지만, 그런 피해 지역에도 의연금이 충분히 전달되었다고는 말할 수 없습니다. 이와테 현 가마이시 시를 예로 들면, 의연금은 집이 전파 또는 반파되었거나 가족이 사망 또는 행방불명된 경우에 지급되었고, 나머지 세대에는 전달되지 않았습니다.

가마이시 시에 사는 여성에게 이야기를 들어 보니, 집이 반파로 인정받아 의연금 85만 엔을 받았지만, 살림살이를 치우고 열리지 않는 문을 고치고 나니 받은 것보다 더 많은 돈이 나갔다고 합니다. 집에서 하숙을 치던 그 여성은 재해 후 집을 피난소로 내놓고 밥까지 지어 내느라 날마다 있는 힘을 다했습니다. 밥 준비를 도와준 근처 식당 주방장은 가게가 쓰나미에 휩쓸려 가 영업을 할 수 없게 되었습니다. 하지만 집과 가족이 무사했기 때문에 모든 자영업자에게 똑같이 지급되는 위로금 10만 엔을 받은 게 전부였습니다.

그래도 쓰나미로 큰 피해를 입은 지역에서는 모두가 마음을 굳게 먹고 힘을 합쳤습니다. 목숨을 잃은 사람들 몫까지 자신들이 정신 차리고 살아서 의미 있는 인생을 보내야 한다고 결의를 다졌기 때문이지요.

집에 돌아가면 보상금을 받을 수 없다

의연금은 '힘내세요', '지지 마세요'라는 응원이 담긴 돈입니다. 받을 '권리'를 주장할 만한 돈은 아니지요. 그러나 도쿄전력이 방사능 피해를 보상하기로 한 가와우치무라 등의 지역에서는 임시 보상금과 의연금이 같은 시기에 분배된 탓에 그 둘을 구별 못하는 사람이 많았던 듯합니다.

원전 사고에 의한 개별 손해 보상은 지금도 계속되고 있습니다. 처음에는 피난할 수밖에 없었던 주민들에게 임시 보상금으로 한 가구당 100만 엔(1인 가구는 75만 엔)을 주었습니다. 2011년 4월 15일부터 차례차례 지급되었지요.

대상이 된 건 제1원전에서 30km 안쪽, 제2원전에서 10km 안쪽, 계획적 피난 구역, 비상시 피난 준비 구역 주민입니다. 가와우치무라는 전역이 이에 해당하기 때문에, 전 주민이 빠른 시기에 임시 보상금을 받았습니다. 그 후 제2차 임시 보상금(피난 기간에 따라 1인당 10~30만 엔)도 지급되었고요. 부모와 아이 셋으로 이루어진 5인 가족을 예로 들면, 도쿄전력에서 주는 임시 보상금 250만 엔과 의연금 205만 엔을 합쳐 총 455만 엔을 꽤 빠른 시기에 지급받은 셈이지요.

물론 30km 밖에서도 심각한 피해가 많이 발생했습니다. 이런 곳도 보상금을 받아야 마땅하지만, 나중에 개별적으로 처리한다는 방침에 따라 임시 보상금을 바로 받지는 못했습니다. 임시 보상금은 어디까지나 임시로 지급하는 돈일 뿐, 제대로 된 보상은 나중에 개별 신청에 따라 이루어졌습니다.

보상 내역은 여러 가지입니다. 그중 '피난 생활 등에 의한 정신적 손해 보상'이라는 항목은 피난 지역에 사는 모든 주민에게 똑같이 지급되었기 때문에 일종의 '기본 보상'처럼 인식되었습니다. 그런데 이 '정신적 손해 보상' 방법이 이상했던 탓에 사람들 사이에 대립과 분열이 일어났습니다.

'정신적 손해 보상' 금액은 1인당 월 10만 엔(체육관 같은 집단 피난소에 머문 경우에는 월 12만 엔)인데, 문제는 해당 기간을 계산하는 방법이었습니다. 가와우치무라처럼 '비상시 피난 준비 구역'으로 지정된 곳에서는 사고가 일어난 3월 11일부터 '처음 집에 돌아온 날'까지의 기간에 대해 보상금을 지급한다고 게시되었습니다. 즉, 피난지에서 집으로 돌아오면 그 시점부터 보상금 지급이 종료된다는 거죠. 돌아오지 않으면 보상 기간 종료가 선언될 때까지 계속 지급되고요.

1인당 월 10만 엔이니까, 부모와 아이 셋인 5인 가족 세대는 '정신적 손해 보상'만으로 월 50만 엔, 연간 600만 엔을 받습니다. 집에 돌아가면 이 '수입'이 없어진다 하니, 당연히 피난 생활을 계속하려는 사람이 늘어나겠지요.

이것은 어디까지나 피난 생활에 따른 '정신적 손해 보상'이고, 그 밖에 직업을 잃은 데 대한 '취로 불능 손해 배상' 같은 게 따로 있습니다. 예를 들어 원전 사고 전에 월 40만 엔, 연 480만 엔을 벌던 5인 가족이 있다면, '정신적 손해 보상' 600만 엔에 '취로 불능 손해 배상' 480만 엔을 합쳐서 1,000만 엔이 넘는 돈을 받게 됩니다.

그런데 일을 다시 시작하면 번 돈만큼 배상금이 줄어듭니다. 원전 사고 전에 월 40만 엔을 벌던 사람이 원전 사고 때문에 일을 잃고 그 후 아르바이트로 월 15만 엔을 벌게 되었다고 합시다. 그러면 취로 불능 손해 배상금이 25만 엔으로 줄어듭니다.

일을 하든 안 하든 수입이 같다면 일하려는 사람이 없겠지요. 집에 돌아가지 않고 일도 하지 않으면 이전보다 수입이 늘어나는 이상한 상황 속에서 원전 사고 보상 대상 지역의 복구는 점점 멀어졌습니다.

그래도 피난 생활은 힘드니까 보상받는 게 당연하지 않냐고 할지도 모르겠습니다. 물론 쓰나미로 집을 잃은 사람들의 피난 생활은 비참함 그 자체입니다. 그러나 집이 무사하고 주변 방사선 양이 피난지보다 적은 경우에는 얘기가 좀 다르지요.

텔레비전에는 체육관처럼 넓은 장소에 종이 상자나 간이 칸막이 등으로 작은 공간을 만들어 생활하는 집단 피난소 영상이 많이 나왔습니다. 온천 여관과 리조트도 피난소로 이용되었고요.

가설 주택 외에 전대 주택 제도라는 것도 있습니다. 아파트나 맨션, 단독주택 등을 스스로 찾아서 피난소로 인정받는 제도입니다. 후쿠시마 현의 경우에는 최고 월 9만 엔까지 임대료를 지원해 줍니다. 후쿠시마 현 내에서 월 9만 엔이면 도심에서도 꽤 괜찮은 주택을 빌릴 수 있습니다. 방사능 오염이 두려워서 온 가족이 다른 현으로 피난한 집도 있기 때문에, 주인과 교섭해 집을 빌린 다음 다시 전대 주택으로 신청하는 사람도 있었습니다.

가설 주택이 생기고 전대 주택 제도가 시작된 후에도 언제까지나

집단 피난소를 떠나려 하지 않는 사람들도 있었습니다. 피난소에 머물면 밥과 일용품(옷과 수건, 소모품), 광열비 따위가 모두 공짜였기 때문입니다. 가설 주택과 전대 주택으로 옮기면 식비와 광열비 등은 전부 스스로 내야 합니다. 적지 않은 사람들이 그 돈을 아낄 수 있는 집단 피난소 생활을 원했습니다. 게다가 집단 피난소에 머무는 기간이 길면 길수록 보상금이 많아진다는 소문까지 퍼졌습니다.

집단 피난소에는 전국에서 모인 구호물자가 넘쳐 났고 이것들이 날마다 배급되었습니다. 그런데 어떤 사람들은 몇 번씩 줄을 서서 배급을 받고, 받은 물품을 상자에 담아 고향 집에 택배로 보내거나 몇 번이고 차에 실어 자택으로 날랐습니다. 심지어는 '가게를 차려도 될 만큼 물건이 잔뜩 쌓였다'고 말하는 사람도 있었지요. 어쨌든 모두 있는 힘을 다해 살아남으려 했습니다.

그런 와중에도 멀쩡하게 남아 있는 자택으로 돌아와 평범한 생활을 시작하는 사람이 차츰 늘어 갔습니다. 그러나 완전히 집에 돌아온 것이 아니라 피난처와 자택을 오가는, 일종의 '두 집 살림'인 경우가 많았습니다. 앞서 말했듯이 집에 돌아가면 1인당 월 10만 엔씩 지급되던 '정신적 손해 보상금'을 받을 수 없기 때문입니다.

정부가 '비상시 피난 준비 구역'을 해제하려 하자 피난해 있던 사람들 사이에서 '해제하지 말라!'는 목소리가 높았습니다. 1인당 월 10만 엔의 보상이 끊기는 게 싫었던 거죠.

고오리야마 시, 후쿠시마 시, 이와키 시 등의 도심에서는 파친코와 술집이 지금도 연일 대성황입니다. '피난민' 덕분이지요. 보상금으로

차를 바꾼 사람도 적지 않습니다.

"돈을 받아 도회지 생활을 할 수 있으니 지금은 마을에 돌아갈 맘이 안 생겨. 어떻게 돌아가겠어."

가설 주택에서는 '피난민'들끼리 그런 이야기를 나누곤 했습니다. 원전 30km 안쪽에서는 이렇듯 급속하게 근로 의욕과 향토애가 무너져 갔습니다.

후쿠시마 현 주민끼리 서로 다투다

일부 주민이, 경우에 따라서는 원전 사고가 나기 전보다 '수입'이 늘어서 일할 생각도 하지 않고 도회지에서 무위도식한다는 게 알려지자, 30km 밖에 사는 후쿠시마 현 사람들 사이에 분노가 들끓었습니다.

원전을 유치해서 교부금이니 보조금 따위를 받아 지금까지 실컷 덕을 보더니, 원전이 고장 나 방사성 물질을 사방에 뿌린 지금은 보상금과 원조로 살아가려 하는가? 심각한 피해만 입고 보상도 받지 못한 지역 사람들이 원전 지역 주민들의 '빈대 기질'에 악감정을 품는 것도 당연한 일일 테지요. 물론 원전 지역 주민 모두가 원전을 고마워하거나 보상금에 푹 빠져서 일을 팽개친 것은 아닙니다.

사고 후 1개월 남짓하여 가와우치무라에서는 우편과 야마토 운수, 즉 검은 고양이가 부활했습니다.* 그 덕분에 저도 일을 계속할 수 있

* 야마토 운수는 새끼를 물어 나르는 검은 고양이 캐릭터로 유명한 택배 회사다.

었지요. 우체국 직원과 검은 고양이 배달원 중에는 이와키 시와 후쿠오카마치 해안에 살다가 쓰나미에 집이 떠내려간 사람들도 있었습니다. 그런 피해를 입고도 주민들이 떠난 가와우치무라까지 날마다 산을 넘어서 우편물과 택배를 날라다 준 것입니다. 그들은 자기 일의 공익성을 잘 알고 있어서 일을 하는 게 당연하다고 생각했고 긍지도 컸습니다. 일이란 본래 그런 것이지요. 그들이 열심히 일하는 모습은 후쿠시마 재건에 큰 희망이었습니다. 그런데 정부는 치명타가 될 엉터리 지시를 내려 혼란만 깊어지게 만들었습니다.

2011년 12월 6일, 문부과학성 원자력손해배상분쟁심사회는 '경계 구역, 계획적 피난 구역 등을 뺀 후쿠시마 현 내 23개 시읍면을 대상으로, 전 주민에게 1인당 8만 엔, 임신한 여성과 18세 이하 청소년 및 어린이에게 1인당 40만 엔'의 배상금을 지불한다는 지침을 내놓았습니다.

30km 바깥, 즉 피난 지시 구역이 아닌 곳에 살면서 자율 피난을 선택한 많은 사람들에게도 정신적 피해를 포함한 손해 배상을 해야만 한다는 판단에서 이런 지침을 내놓았을 테지요. 그러나 문제는 23개 지자체를 선정하는 방식이었습니다.

23개 지자체는 후쿠시마 시, 니혼마쓰 시, 모토미야 시, 고오리마치, 구니미마치, 오타마무라, 고오리야마 시, 스카가와 시, 가가미이시마치, 덴에이무라, 이시카와마치, 다마카와무라, 히라타무라, 아사카와마치, 후루도노마치, 미하루마치, 오노마치, 소마 시, 신치마치 등 19곳과, 이와키 시, 다무라 시, 다테 시, 가와마타마치 등 4곳(이미 보상금 지급이 시작된 '비상시 피난 준비 구역' 등을 제외한 나머지)입니다. 이들 지자체 주민 중 18세 이하와 임신부에겐 40만 엔, 그 외에는 모두 8만 엔씩을 지불한다는 거지요. 아이가 셋 있는 5인 가족이면 136만 엔을 받게 됩니다.

이 배상에서 제외된 시라카와나 아이즈 같은 지역 주민은 '장난치냐'며 일제히 반발했습니다. 당연하지요. 시라카와 시는 이웃한 이시카와마치, 아사카와마치, 후루도노마치, 오노마치, 히라타무라, 다마카와무라 같은 곳보다 방사능 오염이 훨씬 심했습니다. 아이즈 지방의 경우에도 미나미아이즈마치 남부 같은 곳은 오염이 꽤 심했습니다. 설령 오염이 덜한 지역이라 해도 후쿠시마 현에서 생산되었다는 이유만으로 농산물 등의 매출이 뚝 떨어졌고, 모든 면에서 스트레스가 심했습니다.

문부과학성 조사를 통해 이러한 상황이 분명히 밝혀졌음에도 불구하고 원자력손해배상분쟁심사회는 실상을 무시한 채, 더구나 책상 위에서 스스럼없이 선을 그어 결정해 버렸습니다.

이나와시로마치도 배상 대상에서 제외되었습니다. 이곳에 있는 호화 리조트 시설은 원전 지역에서 온 사람들을 위한 피난소로 지정되었고, 주민들은 날마다 피난민을 위해 끼니를 준비하는 등 자원봉사를 했습니다. 그럼에도 일부 피난민이 '날마다 똑같은 것만 먹이지 말라'는 둥 '밥이 맛없다'는 둥 불만을 터뜨려서 알력이 생기기도 했지요.

가뜩이나 불필요한 스트레스와 분쟁이 생기는데, 엉터리로 선을 긋는 바람에 한쪽에서는 주민 전원에게 배상금이 지불되고 한쪽에서는 피해만 입고 무시당하게 된 것입니다. 그런 상황을 정부가 구태여 만들어 낸 셈이니 안타까운 일이지요.

오염 피해는 후쿠시마 현에만 국한된 것이 아니라 도치기 현, 미야기 현, 군마 현, 이바라키 현, 지바 현, 도쿄 도 등에도 광범위하게 일어났습니다. 도쿄 도와 지바 현에도 후쿠시마 현 이시카와마치와 히라타무라 같은 데보다 오염이 심한 지역이 있었습니다. 그러한 핫스팟에 사는 사람들은 정신적·경제적 피해를 입었음에도 배상은 전혀 받지 못했습니다. 이래서는 시간이 흐를수록 다른 지역 사람들이 후쿠시마 현을 미워하는 마음이 커질 수밖에 없지요. 원전은 후쿠시마 현에 사는 주민뿐만 아니라 일본인의 마음을 분열시켜 곳곳에 불필요한 대립을 낳았습니다.

오염되지 않은 쌀을 버리게 하다

지금까지 사이좋았던 친구며 이웃 사이에 방사능을 둘러싼 대립과 다툼이 벌어진 건 꼭 보상 문제 때문만은 아닙니다. 오염된 지역에서는 살던 집을 포기하고 다른 곳으로 떠나는 사람들과 어떻게든 고향을 지키려는 사람들 사이에 마음이 엇갈립니다. 떠나는 사람을 '배신자'라고 욕하거나 남은 사람을 '자기 아이도 못 지키는 바보'라고 공격하는 대립이 사방에서 일어났습니다. 후쿠시마에서 생산된 먹을거리를 먹네 안 먹네, 농사를 짓네 마네 하는 대립도 생겼습니다. 어떻게든 힘을 내어 농사를 계속 지으려고 노력하는 사람과 오염된 토지에

그림 3.2 논 앞에서 텔레비전 인터뷰를 하는 아키모토 요시타카 씨

서 농작물을 생산하고 판매하는 것이 범죄 행위라고 공격하는 사람. 양쪽 다 자기 생각에 확신이 있는 만큼 한 발도 물러서지 않지요.

방사능과 공존하면서 농업을 계속하는 건 가능한 일일까요? 이 주제가 얼마나 복잡하고 어려운지 잘 보여 주는 에피소드를 하나 소개하겠습니다.

가와우치무라를 포함해서 30km 안쪽 지역은 방사선 양과 상관없이 농사가 금지되었습니다. 하지만 농사를 아예 짓지 않고서는 오염된 논에서 수확한 쌀에 방사성 물질이 얼마만큼 들어 있는지 데이터를 얻을 수 없습니다.

가와우치무라에 사는 농부 아키모토 요시타카(그림 3.2) 씨는 "출하는 하지 않더라도 논 한 뙈기만 농사를 지어서 검사를 해 보겠어."라며 자기 논에 모내기를 하였습니다. 수확한 쌀을 민간 검사 기관에 직접 가져가서 오염 정도를 조사할 생각이었지요. 그런데 면과 현에서 공무원이 나와 "제발 멋대로 굴지 말고 관두세요."라고 하는 것이었습니다.

요시타카 씨는 "아무도 하지 않으면 가와우치무라에서 쌀농사를 지어도 되는지 안 되는지 판단할 자료를 얻을 수 없잖아. 나 혼자서라도 검사하겠어."라며 고집을 꺾지 않았지요.

농림수산성은 8월에 "재배 금지 구역에서 수확한 쌀은 보관하지 말고 모두 폐기 처분할 것. 이를 어기는 자는 처벌한다."는 장관령[장관이 발하는 명령]을 내렸습니다. 이대로 가다가는 요시타카 씨가 처벌받게 될 상황이었습니다. 결국 면은 "이번 농사는 검사를 위해 면에서 의뢰한 걸로 해 주세요. 검사는 현에서 하겠습니다. 단, 검사용 분량을 뺀 나머지는 전부 폐기해야 합니다. 직접 검사하는 것도 안 됩니다."라며 제안했고, 요시타카 씨도 결국 이를 받아들였지요. 농사는 예년보다 풍작이었지만 전량이 곧바로 폐기되었습니다. 검사 결과, 요시타카 씨가 수확한 쌀에서 세슘은 검출되지 않았고요.

후쿠시마 현이라도 30km 바깥 지역에서는 예년처럼 농사를 지어 쌀을 수확했습니다. 가와우치무라보다 오염이 심한 지역에서도 말입니다. 오염이 훨씬 심한 곳에서 수확한 쌀에서도 세슘이 검출되지 않았으니, 요시타카 씨네 쌀이야 말할 것도 없습니다. 그런데도 농사를 지은 사람 자신이 먹는 것도, 자율 검사를 하는 것도 허용되지 않았습니다. 농부한테 이것은 너무나 굴욕적인 일이었습니다.

요시타카 씨네 논 한 뙈기는 2011년에 드넓은 가와우치무라에서 유일하게 낟알이 영근 논입니다. 우리는 마을의 재출발을 염원하며 이 논에 희망을 걸었지요. 그런데 면은 이듬해에도 '모든 논을 경작 금지 지역으로 지정해 달라'고 요청했습니다. 논이란 논은 다 황폐해져서 당장은 농사를 재개할 수 없다, 그러니 경작 금지 지역으로 지정해 보상금을 지급해 달라는 거였지요.

요시타카 씨네 논보다 오염이 심했던 고오리야마 시와 니혼마쓰의 논에서는 2011년에도 여느 해처럼 농사를 지어 방사성 물질이 검출되지 않은 쌀을 출하했습니다. 이곳 농부들은 2011년 농사에 평소보다 몇 배 많은 품을 들이고 돈을 썼습니다. 칼륨이 세슘과 비슷한 성질을 갖고 있다는 점에 착안해 비료에 함유된 칼륨 양을 높여서 세슘이 쌀에 흡착되는 것을 방해하는 실험을 해 보기도 하고, 세슘을 흡착한다는 제올라이트와 프러시안블루라는 물질을 논에 뿌려 보기도 하고, 생각할 수 있는 건 죄다 해 보면서 수확한 쌀의 검사 결과를 기다렸습니다.

그 결과, 겉흙에 세슘이 상당량 함유되어 있는 점토질 논에서 수확한 쌀에서도 세슘이 거의 검출되지 않는다는 것을 알 수 있었지요. 세슘은 점토질 땅에 흡착이 잘되고, 일단 붙으면 쉽게 떨어지지 않기 때문이라고 짐작됩니다. 후쿠시마 현에서 수확한 쌀 중 극히 일부에서 잠정 기준치(1kg당 500Bq)가 넘는 세슘이 검출되었는데, 하나같이 점토질이 아니라 모래가 많은 논에서 경작된 것이었습니다. 세슘에 오염된 논에서 벼를 재배하면 어떻게 되는지 인류는 아직까지 경험한 적이 없기 때문에, 이는 인류 역사상 최초의 '실험'이라고 할 수 있습니다.

땅이 방사능에 오염되어 버린 게 현실인 이상, 우리는 다양한 조건

하에서 실험을 해야 합니다. 체계적인 검사 틀을 만들어 가능한 한 많은 데이터를 모아야 합니다. 그러지 않으면 뭐가 위험하고 뭐가 안전한지 알 수 없고, 앞으로 어떻게 해 나가야 좋을지 지침도 세울 수 없습니다.

그런데도 정부는 30km 이내 지역의 경작을 모조리 금지하고 이렇다 할 만한 실험 데이터를 모으지도 않았습니다. 그러면서 자율적으로 실험하고 검사하려는 농부를 처벌하겠다는 장관령이나 내놓은 거지요. 30km 밖에서는 조사를 충분히 하지도 않은 채 농사를 지었습니다. 더구나 일부 쌀에서 기준치를 넘는 세슘이 검출된 사실이 뒤늦게 발표되어, 농부와 소비자 모두 불안에 떨었습니다.

억울하게 피해를 입고 큰 혼란에 빠졌어도, 많은 농부들은 이제껏 겪은 적 없는 큰 곤란에 맞서서 스스로 납득이 가는 농작물을 재배하기 위해 노력하고 있습니다. 그것이 농부로서는 당연한 삶이기 때문입니다.

그 결과, 아무래도 무리라고 판단한 사람들은 온몸이 찢기는 듯한 아픔을 느끼며 새롭게 출발할 곳을 찾아 떠났습니다. 특히 농약을 쓰지 않고 자연과 공존한다는 기치를 내걸고 살아온 사람들은 조금이라도 오염된 땅에서는 농사를 지을 수 없었기에, 그때까지 쌓아 온 것을 모두 버리고 멀리 이주했습니다.

제 벗들도 홋카이도, 오카야마, 사도, 나가노 등 일본 각지로 흩어졌습니다. 당연한 일이지만, 새로운 땅에서 농사를 시작해 지금까지 해 온 것을 다시 쌓으려면 수많은 어려움이 기다릴 테지요. 땅, 물, 집

등 생활 기반을 잃어버린 데다가 다들 이제는 젊지도 않은 사람들이 니까요.

오염된 땅에 남아 농사를 계속 짓든 땅을 버리고 멀리 떠나 새 출발을 하든, 양쪽 모두 상상도 못하게 어렵습니다. 뿔뿔이 흩어진 벗들을 생각하며, 저는 올해도 후쿠시마산 쌀을 먹습니다. 안전하다는 걸 알고 있고, 맛있으니까요. 2011년에 수확된 쌀은 예년보다 잘 지어져서 슬플 정도로 맛이 좋습니다.

4장. 원자력의 정체

가와우치무라 모도 댐 호수에서 빙어 낚시가 한창인 모습

원자력 발전은 거대한 '물 끓이는 기계'

여기까지 읽은 여러분 머릿속에 몇 가지 의문이 떠올랐을지도 모르겠습니다.

"원자력 발전이 다른 발전 시스템보다 더 뛰어난 거 아니었나?"

"이 저자는 처음부터 원전은 나쁘다고 규정하잖아. 편향된 사고를 하는 거 아닌가?"

"위험하긴 해도 원전이 없으면 일본 경제가 쇠퇴하고 일본인은 더 불행해지는 거 아닐까?"

"뭐든지 안 된다고만 하지 말고, 이번 사고를 교훈 삼아서 더 안전한 기술을 쌓아 가면 되는 거 아닌가?"

이 같은 의문에 대답하기 위해 애초에 원자력 발전이라는 시스템이 어떻게 생겨 먹은 건지, 뭐가 문제인지, 지금부터 기본적인 것들을 짚고 넘어가 보겠습니다.

일반적인 원자력 발전에는 우라늄 연료를 씁니다. 우라늄 광석에는 우라늄이 0.2% 정도 들어 있습니다. 이 우라늄을 일단 추출합니다. 추출한 우라늄을 제품화한 노란색 분말을 '옐로케이크'라고 부릅니다.

우라늄에는 핵분열을 하지 않는 우라늄238과 핵분열을 하는 우라늄235가 있는데, 그 존재 비율은 99.3 : 0.7입니다. 다시 말해 핵연료로 쓸 수 있는 우라늄235는 우라늄 광석 전체의 0.2% 중에서도 다시 0.7%밖에 없습니다. 모래밭에 소금 한 줌을 뿌려 둔 것과 같다 할까

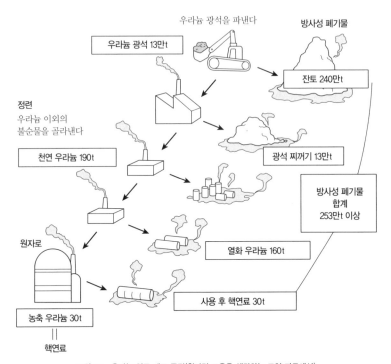

우라늄 광석을 파낸다

방사성 폐기물

우라늄 광석 13만t

잔토 240만t

정련
우라늄 이외의
불순물을 골라낸다

천연 우라늄 190t

광석 찌꺼기 13만t

방사성 폐기물
합계
253만t 이상

원자로

열화 우라늄 160t

사용 후 핵연료 30t

농축 우라늄 30t
||
핵연료

그림 4.1 우라늄 연료 제조 공정(원자력 교육을 생각하는 모임 자료에서)

요. 이것을 꺼내어 0.7%인 우라늄235의 농도를 약 3%까지 농축한 것
이 원자로에 쓰는 우라늄 연료입니다.

우라늄을 채굴해서 연료를 제조하기까지, 그 과정에서만 이미 상
당한 에너지를 쓰고 방사성 폐기물을 배출한다는 사실을 우선 기억해
주세요.(그림 4.1)

또 하나, 농축해서 우라늄235의 비율을 더욱 높여 가면 히로시마
에 떨어진 원자폭탄과 같아지고, 핵분열을 시키면 단번에 폭발합니

다. 원자로에는 핵분열 반응을 늦추기 위한 '감속재'와, 핵분열 반응 때 나오는 고열을 원자로 밖으로 빼내기 위한 '냉각재'가 필요합니다. 그 두 가지 역할을 모두 하는 물질로 물을 쓴 것을 '경수로'라 하지요. 일본에 있는 발전용 원자로는 모두 경수로입니다.

발전소에는 몇 가지 종류가 있는데, 대부분은 어떤 운동 에너지로 발전기를 돌려서 전기를 발생시킵니다. 자전거 전조등에 이어져 있는 작은 발전기와 같은 원리죠. 물론 발전소에서는 아주 큰 발전기를 씁니다.

그 발전기를 물의 흐름(낙차에 의한 위치에너지)으로 돌리는 것이 수력 발전, 바람의 힘(풍차의 회전)으로 돌리는 것이 풍력 발전, 석탄·석유·가스 등을 태운 열의 힘으로 돌리는 것이 화력 발전, 핵분열 반응에서 얻은 열로 돌리는 것이 원자력 발전입니다.

원자력 발전은 원자로에서 천천히 핵분열을 시켜서 나온 열로 물을 끓이고, 그 물의 증기 압력으로 발전 터빈을 돌립니다.(그림 4.2) 즉, 원자력 발전이란 '증기기관'의 일종이며, 기본적인 구조는 증기기관차와 같습니다. 다른 점을 찾자면, 증기기관차가 석탄을 태운 열로 물을 끓이는 데 반해, 원전에서는 우라늄 연료의 핵분열에서 나온 열로 물을 끓인다는 정도지요.

화장실 없는 아파트

증기기관차의 연료인 석탄은 태우면 재가 되고, 재를 버려도 문제가

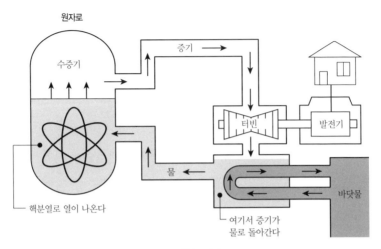

원자로

수증기

증기

터빈

발전기

물

바닷물

핵분열로 열이 나온다

여기서 증기가
물로 돌아간다

그림 4.2 원자력 발전 구조

일어나지 않습니다. 그러나 우라늄을 핵분열시키고 남은 쓰레기에는
방사능이 많아서 아무 데나 버릴 수 없습니다. 엄중하게 격리해서 어
딘가에 계속 보관할 수밖에 없는 겁니다. 그 때문에 원전을 '화장실
없는 아파트'라고 말합니다.

똥오줌을 버릴 수 없는 아파트를 생각해 보세요. 배설물을 뚜껑 달
린 용기에 넣어서 몽땅 아파트 안에 쌓아 두어야만 합니다. 실제로 원
전이 계속 토해 내고 있는 핵폐기물을 지금도 원전 시설 내부 등에 쌓
아 둔 상태이고, 이미 터지기 직전이랍니다.

가동하면 반드시 쓰레기가 나오지만 그 쓰레기를 버릴 수는 없는
사업을 계속해선 안 된다는 건 명백합니다. 시간이 흐르면 흐를수록,
즉 다음 세대로 가면 갈수록 뒤처리하느라 고생할 게 뻔하니까요. 물

론 이것은 큰 사고가 일어나지 않았을 때 얘기고, 후쿠시마나 체르노빌 같은 사고가 일어날 경우에는 돌이킬 수 없는 환경 오염을 일으키겠지요.

하나 더 잊지 말아야 할 것은, 원전을 유지하려면 정기 검사와 보수 공사를 해야만 하는데, 그때 노동자가 반드시 피폭을 당한다는 사실입니다. 원래는 노동자가 항상 누적 방사선 측정기를 지녀야 하고, 피폭량이 일정 수치에 달하면 더 이상 일할 수 없게 되어 있습니다. 그렇다 보니 측정기를 몰래 떼어 낸 채 방사선 수치가 높은 현장에 들어가거나 기록을 지우고 다른 원전으로 옮겨 가는 등, 눈가림을 반복하는 노동자도 나오지요.

위험한 작업을 하는 노동자 다수는 하청이나 하청의 하청 형태로 일하는, 가장 낮은 위치에 있는 약자들입니다. 사회보험에 들지 않는 것은 물론이고, 암과 백혈병 같은 큰 병에 걸렸을 때 노동자 재해 보상 보험으로 인정받는 것도 포기하고 삽니다.

그렇게 열악한 처지의 사람들을 모아서 원전에 '인부'로 보내는 일이 허다한데, 이 과정에 폭력 조직까지 은밀히 끼어듭니다. 돈에 쪼들려 위험한 일이라도 해야 하는 사람들을 모으는 일은 암흑세계 인간들의 특기이고, 하청에 하청을 거듭하는 다중 구조 속에서 높은 중개료를 챙기면 손쉽게 돈을 벌 수 있기 때문이지요.

원전과 폭력단의 관계는 이전부터 지적되어 왔는데, 후쿠시마 제1원전 사고 후 현장에 갈 인력을 구하기가 더욱 어려워지면서 이 문제가 다시 수면 위로 떠올랐습니다. 그래서 도쿄전력은 2011년 7월

19일 '폭력단 배제 선언'을 발표했는데, 이런 선언을 해야만 한다는 것 자체가 원전 현장이 비합법 장사, 어둠의 세계와 깊이 얽혀 있다는 걸 반증합니다. 하지만 이건 터부라서 지금까지 거의 보도된 적이 없습니다.

'화장실 없는 아파트'가 제대로 된 환경이 아니라는 건 쉽게 상상되지만, 우리는 그러한 세계를 보지 않으려고 애써 외면한 채 원전에서 생산된 전기를 계속 써 왔습니다.

원전은 최첨단 기술이 모이는 눈부신 직장이 아닙니다. 사람이 다가갈 수 없는 방사성 쓰레기가 자꾸 쌓여 가는 오염된 곳이지요. 그런 까닭에 뒷골목 인간들이 침투할 가능성이 높고, 가장 낮은 곳의 힘없는 사람들이 피폭을 당해 소리 없이 죽어 가는 그런 어둠을 안고 있다는 사실도 잊지 마세요.

핵연료 사이클이라는 환상

원전의 기본 원리는 '증기기관'입니다. 고작해야 물을 끓이는 일인데 왜 이렇게 위험을 무릅쓰고 후세에 짐을 물려주려 하는 걸까요? 이것은 석유와 천연가스 같은 에너지 자원이 부족한 일본으로서는 원자력이야말로 살아남을 길이라고 생각한 데서 비롯됩니다. 우라늄도 석유나 석탄처럼 유한한 자원이어서 다 캐내면 없어지지만, 적은 연료로 막대한 열을 얻을 수 있다는 매력이 있지요.

무엇보다도 정부가 '핵연료 사이클'을 '국책'으로 삼은 것이 결정적인 잘못입니다. '핵연료 사이클'이란 한 번 원자로에서 사용한 우라늄 연료 찌꺼기에서 플루토늄이라는 물질을 회수해 다시 핵연료로 쓴다는 계획입니다.

원전에서 쓰는 핵연료에는 핵분열하는 우라늄235 외에 핵분열을 하지 않는 우라늄238이 잔뜩 들어 있는데, 원자로를 운전하면 우라늄238 일부가 중성자를 흡수해 플루토늄239라는 핵분열성 물질로 바뀝니다. 이렇게 핵분열을 시키고 남은 '사용 후 핵연료'에는 플루토늄239가 1% 포함되어 있습니다. 이 플루토늄239를 꺼내어 새로 핵분열을 시켜서 에너지를 얻는다는 것이 핵연료 사이클의 기본적인 구상입니다.(그림 4.3)

이 플루토늄을 '고속증식로'라는 특수한 원자로의 연료로 쓰고, 그때 우라늄238(핵분열 하지 않음)을 함께 넣으면, 플루토늄239가 핵분열하는 것과 동시에 우라늄238의 일부가 다시 새로운 플루토늄239로 변화하고……. 즉, 사용한 플루토늄보다 많은 플루토늄이 차례차례 생기니까 더 이상 밖에서 핵연료를 보급할 필요가 없다는 거죠. 이것이 핵연료 사이클 계획입니다.*

이 꿈같은 계획은, 지금은 전 세계 모든 나라가 실현 불가능하다고 판단하여 단념했지요. 사용 후 핵연료를 재처리하고 나면, 또 그렇게 얻은 플루토늄을 핵분열시키고 나면, 그 뒤에는 더욱 방사능이 높은 쓰레기가 나오거든요. 재처리·재이용을 하면 할수록 고농도 방사성

---

* 사용 후 핵연료에서 플루토늄을 추출하는 과정을 '재처리'라 부르고, 이렇게 플루토늄과 우라늄을 섞어 만든 혼합 화합물을 MOX라고 한다.

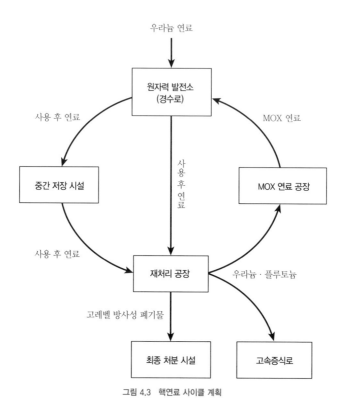

우라늄 연료

원자력 발전소
(경수로)

사용 후 연료

MOX 연료

중간 저장 시설

MOX 연료 공장

사용 후 연료

사용 후 연료

재처리 공장

우라늄 · 플루토늄

고레벨 방사성 폐기물

최종 처분 시설

고속증식로

그림 4.3 핵연료 사이클 계획

폐기물은 늘어나기만 할 뿐 처리할 수가 없는 겁니다.

또한 고속증식로는 감속재로 물을 사용하지 않고 수백 도나 되는 액체 나트륨을 사용합니다. 그런데 고온 나트륨은 공기에 닿으면 불타오르고 물에 닿으면 폭발하는 아주 까다로운 물질입니다. 물뿐만 아니라 콘크리트에 닿아도 타거나 폭발을 일으키거든요. 그 때문에 사고가 빈번히 일어나지요. 일본을 제외한 다른 나라에서는 위험이 너무 크고, 그 위험과 비용에 맞는 발전 시스템을 만드는 건 도저히 불가능하다고 판단해 개발을 포기했습니다.

그렇게 위험하고 돈이 드는 고속증식로를 일본은 여전히 연구·개발하고 있습니다. '몬주'라고 불리는 이 원자로는 후쿠이 현에 있는데, 1995년 12월에 배관에서 나트륨이 약 640kg 새어 나오는 사고를 일으켰습니다. 경수로에서는 배관을 지나는 것이 물이지만, 몬주에서는 물이 아니라 고온 나트륨이 흐르지요. 액체 나트륨이 흐르는 배관의 두께는 고작 3.5mm. 그 얇은 벽을 사이에 두고, 접촉하면 타오르거나 폭발하는 물과 나란히 흐르는 거지요.

고속증식로 내부에서는 나트륨이 새어 나와도 콘크리트에 닿지 않도록 바닥에 전부 철판을 깝니다. 그런데 몬주에서 일어난 나트륨 누출 사고 때는 이 철판도 녹아 버려서, 자칫하면 바닥 콘크리트에 나트륨이 접촉해 폭발할 지경까지 갔습니다.

이 사고 후, 몬주는 오랫동안 운전을 정지했습니다. 운전 재개를 네 번이나 연기했지요. 그러다가 보안원과 원자력안전위원회가 2010년 3월에 안전하다고 판단해, 사고가 난 지 14년 반이나 지난 2010년 5월 6일에 운전을 재개했습니다. 그런데 운전을 재개한 지 반년도 지나지 않은 2010년 8월 26일, 이번에는 3.3t이나 나가는 중계장치(직경 46cm, 길이 12m, 파이프 모양)를 원자로 속에 떨어뜨리는, 믿을 수 없는 사고가 일어났습니다. 이 파이프는 그 후 수십 번의 시도 끝에 2011년 6월에야 간신히 끌어냈는데, 일부가 변형되어 있었습니다. 그래서 일부 부품이 원자로 내에 떨어져 있을 가능성이 지적되었지요.

이런 상태인데도 진심으로 운전할 수 있다고 생각한다면, 도저히 정상적인 정신을 가졌다고 할 수 없습니다. 고속증식로가 사고를 일으킬 경우, 그 피해는 일반 경수로와는 비교가 안 됩니다. 만약 '몬주'가 후쿠시마 제1원전처럼 된다면, 일본은 방사능 오염 때문에 두 번 다시 일어설 수 없게 될지도 모릅니다. 전 세계로부터 환경 테러 국가라는 비난을 받고, 무역도 제대로 할 수 없게 될 테지요.*

그만큼 위험한 몬주는 정지 중일 때도 유지비가 하루에(!) 약 5,500만 엔이나 들어갑니다. 세금을 이렇게 바보 같은 일에 펑펑 써도 될까요?

플루서멀과 '지사 말살'

고속증식로 계획의 첫걸음은 원전에서 쓰고 난 핵연료에서 플루토늄을 추출하는 '재처리'인데, 일본은 이걸 꽤 오래전부터 영국과 프랑스에 맡겼습니다. 사용 후 핵연료 재처리에는 막대한 비용이 들 뿐 아니라, 높은 방사능을 지닌 물질을 이동시켜 처리하는 것인 만큼 큰 위험이 따릅니다. 재처리 공장은 높은 방사능을 가진 사용 후 핵연료를 직접 화학 처리하기 때문에, 원전보다도 방사능 오염을 일으키기 쉽고 사고가 일어나면 문제도 크다고 합니다.

이만한 위험과 돈을 감수하며 추출한 플루토늄이 차례차례 일본으

---

* 교도 통신사는 2013년 5월, 일본 원자력규제위원회가 몬주 재가동 금지 명령을 내렸다고 보도했다.

로 실려 왔습니다. 그런데 본래 이 플루토늄을 써서 운전할 계획이었던 고속증식로는 앞서 말했듯 아무리 시간이 흘러도 쓸 수가 없었습니다. 게다가 핵무기 재료인 플루토늄을 쌓아 두면 전 세계에서 핵무기를 개발하려는 것 아니냐고 경계하지요.

쌓여만 가는 플루토늄 처리에 골머리를 앓던 정부와 전력 회사는, 플루토늄을 보통 우라늄 연료에 섞어서 일반 원전(경수로)에서 써 버리자는 플루서멀plutonium thermal use 계획을 채택합니다. 말하자면, 휘발유가 남았으니 석유난로에 넣는 등유에 조금씩 섞어서 태워 버리자는 것과 비슷한 얘기이지요.

일본은 이 무모한 계획을 원래 문을 닫았어야 할 노후 원전 중 하나인 후쿠시마 제1원전에서 실행했습니다. 2011년 3월 14일에 요란하게 폭발을 일으킨 3호기에는 플루토늄을 섞은 MOX 연료가 쓰이고 있었습니다.(그림 4.3)

이 사실이 사고 평가를 아주 어렵게 만들고 있습니다. 플루토늄을 섞은 연료를 핵분열시키던 원자로가 사고를 일으킨 건 전에 없던 일이기 때문에 데이터도 없을뿐더러 무엇이 어떻게 해서 일어났는지 추측하기도 어려운 거죠.

낡아 빠져서 가뜩이나 안전성이 의심스러운 원자로에 플루서멀을 실행하는 어처구니없는 일이 허용될 수 없다는 것쯤은 누구나 알 수 있습니다. 그런데 후쿠시마 제1원전, 제2원전이 있는 지역, 후쿠오카마치, 나라하마치, 오쿠마마치, 후타바마치의 읍장들은 현에 플루서멀을 진행해 달라고 요청서를 냈고, 현지사도 그것을 승인했습니다. 더욱이 후쿠시마 현에서 선출되어 참의원 의원을 지낸 경제산업성 부장관이 플루서멀 인가를 서두르도록 힘을 썼습니다. 물론 플루서멀이 지역에 가져다주는 돈이 목적이었던 거죠.

원전 사고가 일어난 2011년 3월 11일 당시 후쿠시마 현지사는 사토 유헤이였습니다. 그전에는 사토 에이사쿠가 18년에 걸쳐 다섯 번이나 지사를 맡았습니다. 현재 지사와 전 지사의 성씨가 똑같이 '사토'이니, 여기서는 이름으로 서술하지요.

전 지사 에이사쿠는 장기 집권 시대의 자민당, 그중에서도 '보수 본류'라고 불리는 중심 권력 그룹에 있던 사람인데, 후쿠시마 현의 지사가 되고 나서는 자민당 정부와 부딪치는 일이 잦았습니다. 그는 특히 후쿠시마 제1원전, 제2원전에서 자꾸만 일어나는 사고, 그리고 사고를 감추려 하는 도쿄전력에 가차 없는 태도로 맞섰습니다.

2006년 에이사쿠 지사는 후쿠시마 현이 발주한 댐 공사 당시 부정한 이익을 취했다는 뇌물 수수 혐의를 받고, 사건 당사자로 알려진 남동생과 함께 체포되었습니다. 이 사건에 대해 에이사쿠는 '누명'이라고 주장하며 『지사 말살』(헤이본샤, 2009년 출간)이라는 책을 써서 자신의 결백, 그리고 정부와 전력회사가 벌인 추악한 짓을 세상에 알렸습니다.

에이사쿠가 지사직에서 쫓겨난 당시, 경제산업성과 전력회사는 후쿠시마 제1원전에서 플루서멀을 진행하려고 기를 썼습니다. 그 앞을 막고 선 에이사쿠 지사가 이해할 수 없는 뇌물 수수 혐의를 쓰고 공직에서 쫓겨난 것은 단순한 우연일까요?

에이사쿠는 3·11 이후에도 『후쿠시마 원전의 진실』(헤이본샤, 2011년 출간)이라는 책을 출판하여 '국책'이라는 이름으로 추진하는 원전이 어떤 것인지 고발했습니다. 그는 "원전은 마약 같은 것이다." 라고 말합니다. 원전을 받아들인 지역에는 거액의 '원전 머니'가 뿌려집니다. 거기에 맛을 들여 버리면 손을 뗄 수가 없게 되지요. 자꾸만 더 달라며 매달리게 됩니다. 원전의 무서움과 부당함을 어렴풋이 알고도 나쁜 점은 애써 보지 않으면서 일단 손에 들어온 돈과 혜택을 잃을까 봐 전전긍긍하게 되는 거지요.

에이사쿠는 지사 시절에 원전의 위험성을 깨달았을 뿐 아니라 원전 추진이라는 국책 사업에 의문을 품고 커다란 파탄이 찾아오지 않도록 저항한, 전국을 통틀어도 찾아보기 힘든 지사였습니다. 그러나 현의 우두머리인 지사 자리에 있어도, 혼자서는 어쩔 도리가 없었던 거죠.

이것은 원전에 한정된 이야기가 아닙니다. 인구가 도시에 집중되는 흐름 속에서, 지방 행정은 정부 원조 없이는 성립할 수 없는 시스템이 구축되어 왔습니다. 정부가 원하는 대로 지방자치단체를 좌지우지한다는 의미에서, 후쿠시마 현은 '모델 지구'였다고도 할 수 있지요.

매수, 분석, 파괴의 역사

후쿠시마 제1원전은 오쿠마마치와 후타바마치에, 제2원전은 후쿠오카마치와 나라하마치에 걸쳐서 건설되었습니다. 일부러 지자체 두 곳에 걸쳐지게끔 건설한 건, 원전 머니 혜택을 더 많은 주민에게 줌으로써 현지 공작을 쉽게 하기 위해서였죠.

원전처럼 위험한 것을 받아들이게 만들려면 상당한 '떡고물'을 준비해야만 합니다. 정부는 원전 유치에 찬성한 지자체에 돈을 주기 위해서 여러 가지 법률을 만들었습니다.

제가 가와우치무라에 땅과 낡은 집을 산 것은 주에쓰 지진 후, 2004년 연말이었는데, 이듬해 은행 예금 계좌에 이상한 돈이 입금되어 있어 놀랐습니다.

'원자력 교부금 6,000엔.'

입금이 된 계좌는 평소에 거의 쓰지 않는 것이었습니다. 왜 잠자는 계좌에 이런 돈이 입금되었을까, 한동안 곰곰이 생각했습니다. 짚이는 것은 단 하나, 거의 쓰지 않는 이 계좌에서 전기요금이 자동이체된다는 사실이었습니다. 그런데 가와우치무라에서 쓰는 전기는 도호쿠전력이지 원전을 운영하는 도쿄전력이 아닙니다. 계좌를 아는 것은 도쿄전력이 아니라 도호쿠전력인데, 웬일인지 '원자력 교부금'이라는 이름으로 6,000엔이 입금되어 있었던 겁니다.

마을 사람들에게 물어보니, 모두가 당연한 일로 받아들이고 있더군요. 가와우치무라에는 원전이 없습니다. 원전은 이웃한 후쿠오카마치와 오쿠마마치에 있지요. 그런데도 이러한 돈이 원전 유치지 옆에 있는 지자체 주민들에게까지 자동으로 뿌려진다는 사실을 알고 놀랐습니다. 원전이 있는 바닷가 면 네 곳이야 말할 것도 없었습니다.

실제로 후쿠오카마치, 나라하마치, 오쿠마마치, 후타바마치 이 네 곳은 분수에 넘친다 싶을 만큼 훌륭한 공공시설이 들어서 있고, 주민 중 다수는 어떤 형태로든 원전과 관계된 일을 하고 있습니다. 그곳에서 원전의 위험성과 문제점을 논하는 것은 터부이지요.

가와우치무라에서도 많은 사람들이 원전과 관련된 일을 하고 있었습니다. 저는 가와우치무라로 이사하고 나서도 가끔 원전의 문제점에 대해 이야기했습니다. 그러면 곧장 누군가가 "관둬요." 하고 말리더군요. 원전 관련 일을 하는 사람이 많은 이곳에서 원전에 대해 왈가왈부하지 말아 달라는 거였습니다. 게다가 그런 말을 한 사람은 여기서 나고 자란 토박이도 아니었습니다. 저처럼 이주해 온 사람이었지요. 그는 이주민이 시골 지역사회에 잘 녹아들어 살기 위해서는, 원전을 포함한 운명 공동체의 일원이 되어야 한다고 생각하는 모양이었습니다.

물론 원전 유치지 토박이임에도 불구하고, 원전 건설을 저지하기 위해 싸운 사람들이 있습니다. 1970년대, 이와모토 다다오 현의회 의원(당시 사회당)을 위원장으로 하는 '후타바 지방 원전 반대 동맹'이라는 그룹이 격렬한 반대 투쟁을 벌였습니다. 이와모토 씨는 1971년에 처음으로 현 의원에 당선되었는데, 당선 직후 열린 현의회 질의에서 원전 추진에 대해 이렇게 호소했습니다.

"산과 물과 숲, 이것은 모든 생물이 사는 데 필요한 자연 조건입니다. 그러나 지금까지 실행되어 온 개발 행정은 정비해야 할 일반 주민의 생활 기반은 방치한 채, 오로지 대기업 입지 조건만 온통 장밋빛으로 꾸며서 어디를 가나 기업 유치 경쟁이 벌어졌습니다. 지금 가장 필요한 건 인간이 살아가는 데 바람직한 환경을 만들고 지켜 나가는 일이지만, 현실에서는 전혀 존중되지 않고 기업 중심의 개발만 이루어져 왔습니다. 그 탓에 인간의 생명은 경시되고, 공해가 발생했습니다.”

그러나 이와모토 씨의 호소는 무시당했습니다. 당시에 이미 후쿠시마 제1원전 1호기(이번 사고로 맨 먼저 멜트다운되어 수소 폭발을 일으킴)는 가동을 시작했고, 느닷없는 '원전 경기'에 지역이 덩실덩실 춤을 추는 상태였으니까요.

원래 후쿠시마 현은 경제적으로 유복하다 할 수 없는 곳이었는데, 그중에서도 후타바를 중심으로 한 바닷가 지역은 내세울 만한 산업도 없고, 많은 가장들이 돈을 벌러 다른 지역에 나가 있는 상태였습니다. 그런데 원전이 건설되자 수천억 엔이란 돈이 면에 흘러들며 상황이 확 바뀌었습니다. 술집 주인이 “이렇게나 돈을 벌어 들여도 되는 걸까?” 하고 걱정할 정도로 급격한 변화였지요. “후타바는 곧 센다이처럼 될 거야.”라고 말하는 사람도 있었습니다.

이와모토 위원장이 이끄는 후타바 지방 원전 반대 동맹이 1972년에 만든 '원전 라쿠슈落首'(세상을 풍자한 노래)는 당시의 마을 모습을 이렇게 노래하고 있습니다.

이 시절 후타바에 유행하는 것, 술집, 하숙집, 도시락집.
엿보기, 폭행, 상해 사건. 오염, 피폭, 가짜 발표.
술집에서 돈을 찢는 남자, 생선 산지를 묻는 여자.
사고는 끊임없이 일어나는데 안전, 안전, 앵무새 우네.
외양이야 어떻든 사방에 뿌려 대는 건 조악한 물건, 광고, 방사능.

116

3·11 이후를 살아갈 어린 벗들에게

옮겨 갈 곳 없이 쌓인 폐기물, 산더미가 되었으니 무섭구나.

주민 동원하는 공청회, 비민주, 비자주, 비공개.

주인이 사라진 논밭, 돈 벌러 나가는 사람은 줄고, 늘어나는 피폭.

피난 계획 만들어도, 갈 의지가 없어 글러 먹은 피난 훈련.

불안이 커져 가는 주민들 보고 걱정하지 말라니 무서워라.

그야말로 원전 사고 후 후쿠시마에서 흔한 모습 아닙니까?

후타바 군에서 피난 나온 사람들이 사는 가설 주택과 피난소 주변의 술집, 파친코는 크게 번성했습니다. 그 술집에서 내는 생선을 보고 손님은 "이거 어디서 잡은 생선이죠? 방사능 괜찮아요?" 하고 묻고, 고향 어장은 고기잡이가 금지되고 농지도 경작이 금지되어 황폐해졌습니다. 집에 돌아가면 보상금이 깎이기 때문에 언제까지나 '피난민' 신분을 지키려는 주민이 대다수였죠.

원전 내에서 일어나고 있는 일과 정확한 데이터는 은폐되고, 멜트다운된 핵연료가 어디에 있으며 어떤 상태인지조차 알 수 없습니다. 오염을 제거한다고 소란을 떨며 정부에서 거액을 쏟아붓지만, 깎아 낸 흙과 걷어 낸 기와를 옮겨 갈 데가 없죠.

반경 20km, 30km라는 단순한 원으로 구별된 '○○ 구역' 지정에 주민은 농락당해, 안전하다는 말을 듣고도 돌아갈 수 없고, 돌아가고 싶지 않고, 돌아가도 일이 없습니다. 반대로 피폭이 무서워서 도망치고 싶어도 '○○ 구역' 밖 주민에게는 아무런 보상도, 원조도 없습니다. 불안과 피로와 불신과 증오와 피폭만이 확실하게 늘어 갈 뿐입니다.

첫 원자로가 건설된 직후에 반대했던 사람들은 후쿠시마의 미래를 정확하게 꿰뚫어 본 듯합니다.

핵발전이 가져온 것

공동체를 이렇게까지 불건전하게 만든 요인은 돈입니다. 원전 유치 지자체에 교부금을 나눠 주는 '전원3법 교부금 제도'가 1974년에 시작되었습니다. 후쿠시마 제1원전은 1~4호기가 오쿠마마치에, 5~6호기가 후타바마치에 있습니다. 원전을 2기 보유한 후타바마치에는, 전원3법 교부금 제도가 시작된 1974년부터 1987년까지 14년 동안 약 34억 엔이 들어왔습니다. 교부금과는 별개로 원전 관련 고정자산세라는 것도 있는데, 많은 해에는 약 18억 엔이나 되었습니다. 읍의 재정 중 반 이상은 원전 관련 돈이었지요.

그러나 원전 특수는 건설 공사가 일단락될 즈음부터 서서히 시들해졌습니다. 1980년대 후반을 지나서는 교부금 적용 기간도 끝나고, 고정자산세도 매년 줄어들었습니다. 한편, 교부금으로 지은 훌륭한 체육관과 온천 휴양 시설 등을 유지하는 데는 매년 일정한 금액이 들고, 이 경비가 줄어드는 일은 없습니다.

실제로 후타바마치는 전원3법 교부금과 도쿄전력에서 받은 기부금으로 종합운동공원(약 40억 엔)과 보건 복지 시설 '헬스케어 후타바'(약 16억 엔) 등 지나친 설비를 연달아 만든 결과 재정이 급속히 악화되었고, 2009년에는 '조기 건전화 단체'라는 재정 파탄 직전 상태까지 추락해 버렸습니다.*

그러자 읍에서는 '원전을 더 지어 달라', '이웃 오쿠마마치에는 1∼4호기까지 원전이 4기나 있어서 5, 6호기 2기뿐인 후타바보다 교부금과 고정자산세가 두 배나 들어왔다. 여기도 2기 더 있어야 한다'고 졸랐지요. 사토 에이사쿠 전 후쿠시마 지사가 말한 '원전은 마약 같은 것'이라는 말은 바로 이런 상황을 가리킵니다. 한 번 손을 대면 빠져나올 수 없고, 좀 더, 좀 더 하고 바라는 중독 환자가 되는 거지요.

1991년, 후타바마치는 후쿠시마 제1원전에 7호기, 8호기를 증설해 달라고 요청했습니다. 이 증설 요청에 앞장선 것이 이와모토 다다오 후타바마치 읍장이었죠. 20년 전인 1971년, 첫 현의회 질문에서 "산과 물과 숲, 이것은 모든 생물이 사는 데 필요한 자연 조건입니다."라고 호소했던, 원전 반대 동맹 위원장이었던 바로 그 사람입니다.

현의원 시절 이와모토 씨는, 원전 내에서 일하는 노동자의 피폭 문제와 방사능 폐수 누출 사고를 추궁하였고, 깃발을 들고 제1원전 정문 앞에 쳐들어간 적도 있을 만큼 의지와 신념이 강한 사람이었습니다. 하지만 1982년에 반대 동맹을 그만두고, 1984년에는 사회당에서도 탈당했습니다.

정치 세계에서 빠져나와 가업인 술장사에 전념할 작정이었던 모양인데, 1985년에 당시 후타바마치 읍장이 뇌물 수수 혐의로 사임하

---

* '지방자치단체 재정건전화법'에 따라 지자체가 재정 파탄 위기에 이르렀을 때 정부가 지자체의 재정 운영에 관여하는데, 재정 악화에서 빠져나올 가능성이 보이는 지자체는 '조기 건전화 단체'로 지정하고 자주적인 해결책을 제출하도록 한다.

자 읍장 후보로 추대되어 보수파 표까지 끌어모으며 큰 표 차이로 당선되었습니다. 이후 다섯 번이나 연임하여 20년이란 긴 세월 동안 후타바마치 읍장을 지냈습니다. 후타바마치가 후쿠시마 제1원전 7호기, 8호기 증설을 요청한 데 대해 이와모토 읍장은 "기업 유치 같은 걸로는 상상도 할 수 없는 큰 재정을 얻을 수 있다."고 말했습니다.

이와모토 읍장과는 대조적으로, 당시 지사였던 사토 에이사쿠는 원전 추진 정책에 의문을 갖게 되어 재검토를 외쳤지요. 그러던 중 2002년 8월, 도쿄전력이 원전 보수 점검 등에 관한 데이터를 조작한 사실이 발각되었습니다. 2000년 7월에 후쿠시마 제1원전을 설계한 미국 제너럴일렉트릭사 계열의 기술자가 통산성(현 경제산업성)에 고발문을 보낸 것이 계기였는데, 정부는 2년 동안이나 보고도 못 본 체했고, 진상 조사에 노력을 기울이지도 않았습니다. 사토 에이사쿠 지사가 정부와 도쿄전력에 대해 품은 불신은 정점에 달했습니다.

결국 2003년 4월에는 도쿄전력의 원전이 몽땅 정지되었습니다. 이런 사태가 일어났어도, 이와모토 읍장은 "읍장으로서 원전 유치에 읍의 운명을 거는 데 의문을 품지 않는다."고 잘라 말했습니다.

"(도쿄전력과) 오래 손잡아 왔고, 원자력 발전소 자체에 대해 말하자면, 그 속에서 저도 살아왔습니다. 원자력 발전소와는 단순한 공생 관계가 아니라, 실은 운명 공동체가 되었다고 생각합니다. 그래서 어떤 경우에든 원자력에 기대를 걸고, '큰 도박'을 하고 있습니다. '잘못되어서는 안 될 도박'을 앞으로도 계속하고 싶습니다. (중략) 저는 어떤 일이 있어도, 원자력 발전 추진만은 믿고 싶습니다. 그것만은 무너

져서는 안 됩니다."(2003년, 사단법인 원자연료정책연구회 회보『플루토늄』42호에 실린 인터뷰에서)

　과거에 "산과 물과 숲, 이것은 모든 생물이 사는 데 필요한 자연 조건입니다."라고 호소했던 원전 반대 운동 리더가, 지역에 흘러드는 원전 머니 공격에 대항하지 못하고 끝내 '주민들 뜻이라면 따라야 한다'고 생각을 바꿔 '원전 운명 공동체'로서 살아가는 도박을 한 겁니다. 후쿠시마가 유치한 원전은 '결코 잘못되어서는 안 될 도박'이었던 것이죠.

　이와모토 읍장과 읍민 그리고 후쿠시마 현도 마약의 힘에 굴복하고 도박에 졌습니다. 그 결과, 자기 지역뿐 아니라 일본의 '산과 물과 숲'을 철저히 오염시켰고요. 말하는 김에 하나 덧붙이자면, 이와모토 다다오 씨는 원전이 폭발한 직후 가족과 함께 미나미소마 시 피난소로 도망쳤고 그 후에는 후쿠시마 시 맨션으로 옮겼는데, 2011년 7월에 사망했습니다.

　보통, 지역사회나 공동체라는 말은 지켜야만 할 소중한 것이란 의미로 쓰입니다. 그러나 공동체가 잘못된 이념 아래 똘똘 뭉치면, 부당한 일이 통용되는 사회가 형성되어 버리기도 하지요. 그런데 그 운명 공동체를 구성하는 주민들은 평범하고 '좋은 사람'들, 소박한 시골 사람들입니다.

　여기에 '후쿠시마 문제'의 어려움이 있습니다. 후쿠시마를 부흥시키자, 힘내라 후쿠시마, 지지 마라 후쿠시마…… 이런 슬로건을 걸고 후쿠시마의 부흥을 응원하는 것 자체는 고마운 일이지만, 그 '부흥'의

알맹이가 문제거든요. 자력으로 지역 경제를 구축할 수 없게 된, 사토 에이사쿠 전 지사의 표현을 빌리면 '마약 환자 같은' 공동체를 부활시켜 봐야 같은 일을 또 되풀이하게 될 뿐입니다. 그래서야 후쿠시마는, 아니 일본이라는 나라는 아무리 시간이 흘러도 옳은 방향으로 나아갈 수 없습니다.

이렇듯 문제의 뿌리는 무척 깊습니다. 이 복잡하고 어려운 문제를 직시하는 것에서부터 출발할 수밖에 없습니다. 문제의 근원에서는 눈을 돌린 채 '부흥을 향해 힘내자' 같은, 듣기에 그럴싸한 말만 해서는 안 됩니다.

제1원전이 있는 오쿠마마치, 후타바마치는 아마도 '평범한 마을'로 부활하기는 어려울 테지요. 적어도 제가 살아 있는 동안에는 무리일 겁니다. 이웃한 후쿠오카마치는 방사성 폐기물 최종 처리장 건설 예정지로 선정될 가능성이 높습니다. 이곳에는 후쿠시마 제2원전이 있지만 3·11 원전 사고로 설비는 너덜너덜해졌고, 바로 옆에 방사능이 줄줄 새는 제1원전이 있어 재가동 따위는 꿈도 못 꿀 테지요. 원전이 폐쇄될 것은 불을 보듯 뻔합니다. 그렇다면 동시에 방사성 폐기물 처리장으로 만들면 된다는 겁니다.

후쿠오카마치 읍장은 후쿠시마 제1, 제2원전이 들어서 있는 4개 읍으로 구성된 '후쿠시마 현 원자력 발전소 소재 읍 협의회' 회장을 맡고 있습니다. 그는 2009년 1월에 후쿠시마 현이 협의를 동결한 플루서멀에 대해 동결을 풀고 추진으로 방향을 전환해 달라고 요청서를 낸 바 있습니다.

제2원전은 그 옆에 위치한 나라하마치에도 걸쳐 있는데, 나라하마치 읍장은 2009년 3월에 '핵폐기물 최종 처리장 후보지로 우리 읍을 검토해 달라'며 유치를 희망하여, 읍만이 아니라 현 전체를 시끄럽게 만든 전력이 있습니다. 플루서멀 추진을 요청한 오쿠마마치 읍장은 원전 사고 뒤 치러진 읍장 선거에서도 다시 선출되었습니다.

지역의 체질이 바뀌지 않는 한, 아마도 그렇게 진행되어 갈 테지요. 일본 전체에서 '후쿠시마에서 나온 쓰레기는 후쿠시마가 처리하는 게 당연하다. 이제 평범한 마을로 되돌아갈 수 없으니까, 위험한 쓰레기는 원전 주변의 오염 지대에 모아서 묻을 수밖에 없다'는 논조가 우세하니까요. 후쿠시마 원전이 있는 읍 네 곳은 평범한 생활공간으로서가 아니라 핵 쓰레기장, 폐쇄된 원전과 오염 제거 비즈니스 현장으로서 특수한 역사를 써 나갈 것입니다.

원자력이 후쿠시마에 가져다준 것은 대체 뭐였을까요?

5장. 방사능보다 무서운 것

두릅나무 잎에 붙은 청개구리 알을 올려다보는 오즈카 쇼칸 씨와 아들 라쿠토. 왼쪽 밑에는 떨어진 알 덩어리가 보인다.

'오염 제거'로 인해 위험이 커지는 일도 있다

지금까지 원전이란 게 어떤 것인지 간단히 살펴보았습니다. 이제는 앞으로 어떻게 하면 좋을까를 생각해야겠지요. 사고는 이미 일어나 버렸으니까요.

원전의 존속에 대해서는 아직도 찬반양론이 있지만, 존속파와 폐지파 양쪽 모두 '정부는 온 힘을 쏟아 오염 제거에 임해야 한다'고 주장합니다. 그런데 이 '오염 제거'도 실은 복잡한 문제라서, 무조건 옳다고 간단히 말할 수 없습니다.

원래 '오염 제거'라는 것은 방사성 물질이 몸에 붙은 사람에 대한 대응으로서, 얼마나 빠르고 적확하게 방사성 물질을 신체 표면에서 떼어 내는가 하는 관점에서 논의되었습니다. 방법은 단순하게 물이나 세제로 씻어 내는 것뿐입니다. 그런데 지금은 이 말이 환경 속에 확산되어 있는 방사성 물질을 모아서 이동시킨다는 의미로 쓰이는 경우가 압도적으로 많습니다. 어떤 장소에서 제거한 방사성 물질은 사라지는 것이 아니라 다른 장소로 이동할 뿐이기 때문에, 정확하게는 오염 제거가 아니라 '오염 이동'이지만요.

고압 세정기로 물을 뿌려 지붕과 벽, 도로 등을 씻어 내는 광경을 자주 보는데, 그럴 경우 달라붙어 있던 방사성 물질이 주변 땅이나 도로, 하수도 등으로 흘러갈 뿐입니다. 하수구나 강으로 흘러간 방사성 물질은 서서히 하류로 이동하고, 마지막에는 바다로 흘러듭니다. 물론 전부 흘러가는 것은 아니고 도중에 쌓이는 것도 있을 테니까 지금

껏 큰 탈이 없던 지역이 오히려 오염되는 일도 생길 수 있지요.

학교 교정이나 공원에서 땅 표면을 깎아 낸 뒤, 그 흙을 운반할 곳이 없어서 용지 구석에 쌓아 두고 비닐 포장을 덮어 놓는 일도 잦습니다. 그런 경우 바람이 불면 쌓아 둔 흙이 날리고 비가 내리면 빗물에 섞여서 방사성 물질이 지하와 주변 지면으로 퍼져 나가기 때문에, 퍼진 곳은 지금보다 더 위험한 장소가 됩니다.

쓰레기는 태우면 부피가 확 줄지만, 방사성 물질이 달라붙은 쓰레기를 태우면 재에는 더 농축된 방사성 물질이 남습니다. 실제로 각지의 쓰레기 소각장에는 응축된 방사성 물질이 자꾸 쌓여서 처분이 불가능한 상태입니다.

정부가 진행 중인 계획은, 오염을 제거하여 나온 표토와 쓰레기를 다른 곳에 옮겨 '임시 보관'하고, 최종적으로는 처리장을 만들어 땅속에 묻어 버리는 것입니다. 이 경우, 묻는 장소를 어디로 할지만이 아니라, 그 장소를 주변까지 포함해서 계속 감시·관리할 수 있는가가 문제이지요.

물질은 기본적으로 물에 실려 위에서 아래로 이동하기 때문에, 산속처럼 높은 곳에 오염 쓰레기를 두면 방사성 물질이 그 아래 지역으로 이동해 갈 가능성이 있습니다. 세슘은 점토질 흙에 흡착되기 쉽기 때문에 점토질 흙이 주된 땅에서는 지하로 거의 들어가지 않지만, 점토층보다 깊이 구멍을 파서 묻으면 세슘이 지하 수계에 흘러들 염려도 있지요. 지하 수맥은 눈에 보이지 않는 데다가 복잡한 그물 모양으로 퍼져 있기 때문에, 만에 하나라도 지하수가 오염되면 대처할 수 없습니다. 돌이킬 수 없게 되지요.

때로는 무책임한 업자가 오염 제거 작업을 하며 나온 흙과 쓰레기를 몰래 불법 투기하는 일도 벌어집니다. 이것도 횡행하면 대처할 방법이 없습니다. 결국 오염 제거 작업은 오염 지도를 바꿔 그리는 것뿐이고, 환경 속에 존재하는 방사성 물질의 총량은 오염을 제거하든 말든 변하지 않는 것이죠.

오염 제거는 반드시 필요한 곳, 예를 들면 어린이가 모인 학교, 공원, 각종 공공시설 등에서 차례대로, 적확하게 해 나갈 필요가 있습니다. 그런데 지금 후쿠시마에서는 '오염 제거'를 한답시고 사람이 거의 들어가지 않는 삼림을 벌채하거나 표토를 깎아 내려는 움직임이 그치질 않습니다.

삼림을 벌채하면 산의 보수력이 사라지고, 큰비가 내렸을 때 토사가 무너지는 등 재해를 초래합니다. 우물이 마르거나 동식물이 절멸하는 일로 이어지기도 하고요. 초목이 뿌리를 뻗고 있어서 방사성 물질 유출이 심하지 않았는데, 초목째로 흙을 깎아 냄으로써 단숨에 유출·확산이 진행될 수도 있지요.

농지는 표토 5cm 부분에 농작물이 자라는 데 꼭 필요한 박테리아와 영양소가 쌓여 있습니다. 농부는 그렇게 비옥한 토지를 만들기 위해 오랜 시간을 들여 고생합니다. 그것을 깎아 내 버리면, 작물은 제대로 자라지 못합니다. 오염 제거는 무조건 옳다고 생각하기 쉬운데, 실제로는 이처럼 많은 위험과 손실이 따르는 큰 도박인 것입니다.

숲의 오염 제거는 돈이 된다

체르노빌 사고로 피해를 입은 벨라루스와 우크라이나에서는 삼림과 농지에서 오염을 제거하는 것은 무리라며 거의 손을 대지 않았습니다. 그런데 일본에서는 아직 공공시설 오염 제거도 제대로 하지 않은 상태에서 삼림 벌채를 대규모로 진행하려 합니다. 신문 기사 등에서도 산의 오염 제거, 삼림의 오염 제거를 하지 않는 한 오염 제거는 진척되지 않는다는 논조가 도드라지기 시작했죠.

2011년 여름, 농림수산성이 관할하는 독립 행정법인 '삼림총합연구소'는 후쿠시마 현 내 세 곳의 국유림에서 수목과 토양의 오염 제거에 관한 조사를 하고 그 결과를 보고했습니다. 숲에서 채취한 샘플을 분석한 결과, 삼나무 잎과 낙엽에 고농도 세슘이 달라붙어 있었다는 보고였습니다.

그것은 당연한 일 아닌가요? 위에서 떨어진 방사성 물질은 가늘고 긴 삼나무 잎에 많이 엉겨 붙을 것이고, 그 사이를 빠져나간 나머지는 지표에 떨어질 테니, 거기 이미 떨어져 있던 낙엽에 달라붙는 것도 당연한 일입니다.

한 가지 착각하면 안 되는 것은, 이 조사 시점에서 '낙엽'은 전년도에 떨어진 잎이지, 원전 사고 후에 돋아난 신록이 떨어져 쌓인 건 아니라는 사실입니다. 사고 후 겨울에 떨어진 잎에는 방사성 물질이 거의 붙어 있지 않을 테고, 오히려 그 '새로운 낙엽'이 이미 지표에 쌓여 있던 방사성 물질을 덮어서 재확산되는 것을 막아 줄 것입니다.

저는 집 앞 숲에서 실제로 공간선량을 측정해 보았습니다. 사고 후, 2011년 가을에서 겨울에 걸쳐 잎이 떨어진 뒤에는 숲 속 공간선량이 이전보다 오히려 줄어들었더군요. 새로 떨어진 낙엽이 썩어서 흙이 되면 세슘은 그 밑으로 묻히니까 바람에 날려 재확산될 위험은 줄어들 테지요. 그러고 보면 무리하게 '새로운 낙엽'을 쓸어 모아서 어디론가 운반하는 건 아무 소용이 없을 뿐만 아니라, 방사성 물질의 재확산을 재촉하는 행동인지도 모릅니다. 또한 낙엽과 표토는 삼림뿐만 아니라 지표의 양분을 구성하는 중요한 물질입니다. 이것을 빼앗는 건 그곳의 생태계를 뿌리째 망가뜨리는 일이 될 수도 있습니다.

체르노빌 사고로 오염된 삼림 지대에서는 사람이 사라지고 오염 제거를 하지도 않았습니다. 그런데 지금은 그곳이 풍부한 자연환경을 자랑하는 야생생물의 천국이 되었지요. 거기 사는 야생동물들의 체내에서는 사고 후 25년이 넘게 지난 지금도 높은 방사능이 검출되지만, 딱히 기형이 늘거나 수명이 짧아진 건 아니라고 합니다.(UN 전문가 위원회 '체르노빌 포럼' 2006년도 보고 참조)

후쿠시마에서도 사람이 숲에 들어가서 '오염 제거'를 위한 벌채와 표토 제거를 무리하게 하는 대신 차라리 그냥 내버려두는 게 어떨까요. 오염이 심한 지역은 기본적으로 출입을 금지하고, 사냥이나 식물·버섯류의 채집을 금지하는 식으로 대응하는 것이 훨씬 현실적이며, 인간과 야생생물과 환경에도 좋은 결과를 가져다줄 것입니다.

그러나 언론에는 '숲의 오염을 제거하지 않으면 오염 제거는 완료되지 않는다. 언제까지고 숲에서 방사성 물질이 흘러나와 마을 사람들의 건강과 농지를 위협할 것'이라는 논조의 기사와 보고서가 많이 소개되고 있더군요. 그 결과 여론도 그 주장에 휩쓸려 가고 있고요.

앞으로는 '숲의 오염 제거'에 더 많은 세금이 투입되겠지요. 왜냐하면 산간 지역 오염 제거는 사람이 없는 토지에 중장비와 하청 업체 노동자를 한 번에 투입하는 대규모 작업이라서, 하기도 쉽고 돈 벌기도 쉽기 때문입니다.

2011년 11월, 정부는 '후쿠시마 제1 원자력 발전소 사고와 관련한 피난 구역 등의 오염 제거 실증 업무'라는 긴 명칭의 사업을 독립행정법인 '일본원자력연구개발기구'(통칭 원자력기구, 약칭 JAEA)에 위탁했습니다. 이것은 경계 구역, 계획적 피난 구역 등으로 지정된 12개 시읍면(미나미소마 시, 가와마타마치, 나미에마치, 이타테무라, 다무라 시, 후타바마치, 후쿠오카마치, 가쓰라오무라, 히로노마치, 오쿠마마치, 나라하마치, 가와우치무라)에서 앞으로 어떠한 오염 제거 작업을 진행해야 하는가를 연구·실증하기 위한 사업으로, '오염 제거 모델 실증 사업'과 '오염 제거 기술 실증 시험 사업'을 합쳐 총액 118억 엔의 세금이 투입됩니다.

이것을 일임받은 원자력기구는 '몬주'를 운영하고 있는 조직입니다. 위험과 오염을 일부러 만들어 내는 데 믿을 수 없는 액수의 세금을 투입해 온 현장 지도자와 책임자 들이 하나도 안 바뀌고 그대로 '오염 제거' 사업의 리더가 된 것입니다.

오염 제거 방법, 예산, 작업 발주처, 오염 제거 작업에 임하는 노동자의 업무 강습과 수료증 발행(사실상 이 '수료증'이 '공공사업으로서의 오염 제거 사업'에 참가할 수 있는지 여부를 보여 주는 유일한 자격 증서이다.) 등등, 오염 제거 사업과 관련된 모든 권한을 원자력기구가 독점한 것에 대해 많은 사람들이 의문과 항의의 목소리를 냈습니다. 앞으로는 '오염 제거'가 거대한 공공사업으로서 이권 구조를 만들어 갈 것이 불 보듯 뻔하기 때문이지요.

원자력기구가 오염 제거 사업을 위탁한 곳은 원전 건설을 해 온 대형 건설회사입니다. 그들 대기업은 다시 원전이 들어선 곳의 건설회사, 토건회사 등에 작업 하청을 내려보냅니다. 지역 토건회사 등은 오염 제거를 위해 일할 조직을 구성하고, 한술 더 떠서 재하청, 3차 하청, 4차 하청업체에 일을 내려보내고요.

덧붙이자면 원자력기구가 맡은 오염 제거 실증 사업의 총 예산 118억 엔 중에서 대형 건설회사에 돌아가는 재위탁 비용, 즉 실제 오염 제거 작업 비용으로 지불되는 몫은 92억 엔이라고 합니다. 처음 견적을 냈을 때는 한 시읍면당 6억 엔(×12시읍면=72억 엔)이었다고 하는데, 오염 제거 작업을 가까이에서 지켜본 어느 중견 건설회사 직원이 '우리 회사라면 기껏해야 1억 엔으로도 할 수 있는 작업'이라고 말했다는군요.

즉, 특정 세력이 원전과 핵연료 사이클 사업으로 세금을 마음껏 써 왔듯이, 이번에는 '오염 제거'라는 새로운 간판을 달고 세금을 노리는 세력이 등장해 이미 움직이고 있는 겁니다.

오염 제거 작업은 내부 피폭이 걱정

같은 오염 제거 작업이라도, 주택이 빽빽이 밀집되어 있고 인구가 많은 도시 지역에서는 더욱 어렵습니다. 일례로 다테 시[*]가 '오염 제거 작업 모델 지구'로 선정되어, 민가 세 채 앞의 포장도로 표면을 걷어 내는 오염 제거 작업이 벌어졌습니다. 불도저 같은 중장비를 써서 먼지를 풀풀 날리며 포장도로 표면을 깎아 내는 작업에, 2일간 최대 150명이 동원되었고 비용은 350만 엔이 들었습니다.

겨우 '민가 세 채' 앞 도로의 오염을 제거하는 데만 350만 엔이 들면, 도시 전체를 치우는 데 대체 얼마나 들까요? 게다가 그만한 돈을 들여 오염 제거를 하더라도 걷어 낸 표토와 쓰레기를 갖다 버릴 장소가 없습니다. 다시 말해 '성가시고 돈이 안 되는 일'입니다.

그래서 주택지의 오염 제거는 '직접' 하는 것이 기본이 되었고, 고오리야마 시 같은 도시에서는 주민자치회와 학교 PTA[학부모와 교사 모임] 등을 통해 주민이 오염 제거 작업에 동원되는 일이 벌어졌습니다. 남편이 일하느라 집에 없는 가정에서는 엄마가 어린아이를 업고 오염 제거 작업에 참가하는 일도 있었습니다. 거절하면 '자기밖에 모른다'거나 '주민 모두의 건강을 지키기 위해서'라며 비난을 받기 때문에, 그게 무서워서 어쩔 수 없이 참가하는 거지요.

그런데 오염 제거 작업이란 게 그때까지 한자리에 붙어 있던 방사

---

[*]   후쿠시마 북부 도시로 면적은 265.10km², 인구는 6만 명이 조금 넘는다.

성 물질을 날리거나 물에 녹여 확산시키는 것이어서, 작업을 하는 사람은 그 먼지를 들이마시고 내부 피폭이 늘 수밖에 없습니다. 어느 누구보다 피폭당해서는 안 될 유아를 업고서 오염 제거 작업에 참가하다니, 말도 안 되는 얘기지요.

정부가 원자력기구에 위탁한 '오염 제거 실증 사업'은, 제1원전 바로 옆에 있는 고농도 오염 지구에서도 실시됐습니다. 제1원전에서 약 1.5km 떨어진 오쿠마마치의 옷토자와 지구 산림은 이미 이 '실증 실험'이 끝났는데, 표토와 낙엽의 제거 등 '오염 제거 작업'을 하여 작업 전 시간당 200µSv이던 것이 70µSv로 내려갔다 합니다. 작업을 했는데도 도저히 인간이 살 수 있는 곳이 아닌 거죠. 이런 곳은 출입 금지 관리 구역으로 지정할 수밖에 없습니다. 이렇게 말도 안 되는 장소에서 일부러 오염 제거를 하는 게 과연 무슨 의미가 있을까요? 작업을 하는 사람들은 꼼짝없이 피폭당하는 겁니다. 돈에 팔려 원전 내부 작업에 동원되었다가 피폭당한 사람들이 겹쳐 보입니다.

후쿠시마뿐만이 아닙니다. 재해지에는 부흥과 오염 제거 명목으로 지금 막대한 돈이 투입되고 있습니다. 이 돈은 철저히 유효하게, 그리고 공정하게 쓰여야만 합니다. 쓰나미로 집과 일터, 생활 수단을 빼앗긴 곳에서는 한시바삐 생활 기반을 재건해야 합니다.

방사능 오염 상황이 단순하지 않듯이, 오염된 토지에서 살던 사람들의 생활 재건, 새 출발 방법도 제각각입니다. 살던 터전에 남는 사람과 새로운 곳을 찾아 멀리 떠나는 사람으로 나뉘고, 사고방식과 결단이 엇갈리는 것은 당연한 일이지요.

후쿠시마와 고오리야마 같은 도시의 방사능 오염은 상당히 심각하지만, 이들 도시에서 모든 사람을 이동시킨다는 건 비현실적입니다. 그곳에 사는 사람들 중에는 방사능에 의한 피해보다 스트레스로 인한 건강 악화가 훨씬 큰 문제라는 이들도 있습니다.

이주하고 싶어도 돈이 없다는 사람, 원조받을 수 있다면 이주하고 싶다는 사람은 많지만, 정부는 그런 이주 희망자 보상이나 원조에는 세금 투입을 주저합니다. 왜냐하면 이사를 원조해 봐야 원자력 추진 이권으로 풍요를 누렸던 '원자력촌'* 사람들한테는 '돈벌이가 안 되기 때문'이지요.

국책에 담긴 거대한 위험

여기까지 읽은 여러분은 큰 의문을 품었을 겁니다. 원자력이 그렇게 위험하고, 돈이 들고, 미래 세대에게 나쁜 유산을 떠안기는 무책임한 정책이라면, 왜 정부는 지금까지 추진해 왔는가? 처음에는 밝은 미래를 열어 갈 수단이라고 생각했을지도 모르지만 시간이 지남에 따라 계속해서는 안 된다는 걸, 그만둬야 한다는 걸 알게 되지 않았을까? 그렇다면 왜 이런 일이 벌어지기 전에 그만두지 않았는가?

네, 여러분의 생각이 맞습니다. 평범하게 생각했다면 훨씬 빠른 시

---

* 　전력회사, 관련 기업, 경제산업성을 비롯한 감독 관청, 원자력 기술에 긍정적인 연구자, 언론, 폭력단 등 원자력을 둘러싼 이익집단을 비유하는 말. 일본의 '마을'이 갖고 있는 특유의 폐쇄적인 성격에서 연유한 표현이다.

점에 잘못을 인정하고 피해를 최소한으로 줄일 수 있었을 터, 그러지 못한 것은 원자력이 '국책'이기 때문입니다. 국책이란 국가 정책을 말하는데, 이것을 정하는 관료와 정치가들이 '국책'에는 거액의 국가 예산, 즉 국민이 벌어서 국가에 납부하는 세금을 쏟아부어도 좋다고 해석하는 데 큰 문제가 있습니다.

세상은 사는 보람, 욕망, 이상, 철학 같은 것으로 움직입니다. 예를 들면 빵집 중에는 맛있는 빵을 만드는 집과 그렇지 않은 집이 있습니다. 맛없는 빵을 비싼 값에 팔면 손님은 들지 않고 가게는 망할 테지요. 그래서 세상 빵집들은 맛있는 빵을 싸게 팔려고 고심합니다.

그런데 어느 날 갑자기 어느 학자가 '팥빵을 먹으면 건강에 좋다', '팥빵에는 암을 예방하는 효과가 있다'는 연구 발표를 하고, 정부가 그것을 인정했다고 칩시다. 정부는 국민의 건강을 위해서라며 '팥빵 장려책'을 국책으로 정하고 '팥빵을 만드는 비용은 전부 정부가 낸다. 팔다 남아도 정부가 전부 사들인다'는 내용의 법률을 국회에서 가결했다고 칩시다. 언론도 그걸 밀어주며 틈날 때마다 '경이로운 팥빵 건강법' 같은 방송을 만들어 국민에게 팥빵을 먹도록 선전했다고 칩시다. 그러면 어떤 일이 일어날까요?

식빵이나 크루아상을 만들려면 자기 돈을 들여야 하지만, 팥빵을 만드는 건 정부가 비용을 내 주고, 팔다 남아도 정부가 사 준다고 하니, 세상 빵집들은 팥빵만 만들게 되겠지요. 제빵사가 굳이 맛있는 빵을 만들려고 노력할 이유도 없지요. 한 개에 100엔인 팥빵에 500엔 가격표를 붙여서 정부에 팔아넘기는 빵집도 나올 겁니다.

빵 장사가 빵집과 손님 사이의 거래로 성립된다면 있을 수 없는 일이지만, 여기에 정부라는 거대한 권력이 고액의 세금을 쏟아붓는 순간 단숨에 불건전한 일이 일어나는 거지요.

그런 바보 같은 법률을 정부가 만들 리 없다고요? 그런데 현실에서는 이와 같은 일이 곳곳에서 일어나고 있습니다. 아무도 다니지 않는 도로에 거액의 돈을 쏟아붓는 확장 공사는 효율을 생각하면 말도 안 되는 일이지만, 거기에 세금이 투입되는 순간 얘기가 달라집니다. 그 도로가 쓰이든 말든 상관없이, 거액의 돈이 밖에서 들어오니까 무조건 하는 겁니다. 이런 식으로 '고용 창출', '경제 활성화' 같은 이유가 붙어 계획이 정당화되는 거지요.

원자력 발전 추진 과정도 완전히 똑같습니다. 주부전력中部電力을 상대로 제기한 '하마오카 원전 폐지 청구 소송'의 원고인단에도 참가하고 있는 죠난신용금고 이사장은 "만약에 순수한 민간사업으로 원전을 출범한다면 융자를 해 줄 은행은 한 군데도 없을 것이다."라는 명언을 남겼습니다.

다시 말해, 원전은 정부가 어마어마한 세금을 쏟아부어서 무리하게 밀어붙여 왔기에 성립한 사업이고, 처음부터 전력회사에만 판단을 맡겼다면 진작에 채산이 맞지 않는다는 사실이 밝혀져 계획이 중지되었을 거라는 얘깁니다.

원자력 추진 정책이 중단되지 않았던 건 너무나 많은 세금이 투입되어 이권 구조가 지나치게 팽창했기 때문입니다. 팥빵 장려책으로 빗대어 말하자면, 돈을 버는 건 빵집만이 아닙니다. 팥빵을 만드는 기

3·11 이후를 살아갈 어린 벗들에게

업, 팥빵 건강론을 외치는 학자, 팥빵 광고를 맡은 광고 기획사, 광고를 내보내는 신문사나 출판사, 방송국 같은 언론 등등 온갖 분야가 돈을 법니다. 이렇게 해서 한 번 '팥빵 이권'의 기초가 다져지면, 그 안에서 이권을 얻는 사람이나 기업, 조직은 손에 쥔 이권을 놓지 않으려고 죽을힘을 다해 끝까지 거짓을 주장하고, 세금을 계속 투입하려 합니다. 국책이라는 건 이런 위험성을 갖고 있는 것입니다.

정부가 손익에 상관없이 세금을 투입해도 좋은 일은 복지 관련 사업, 기본적인 초기 인프라 정비 사업 등으로 한정되어 있습니다. 초기 인프라라는 것은 일단 정비해 두면 그것을 이용해서 사람들이 보다 활발하고 자유롭게 활동할 수 있는 토대입니다. 그 외의 분야에 과도하게 세금을 투입하면, 국민은 거기에 맛을 들여 건전한 경제 활동을 하지 않게 됩니다.

국가의 역할 중 원조 이상으로 중요한 것은 감시와 규제입니다. 공해를 발생시키지 못하게 하고, 불평등을 없애고, 거대 기업이 자본의 힘으로 약자의 행복을 빼앗는 횡포를 두고 보지 않는 것. 이러한 감시와 규제는 국가라는 공권력이 아니면 불가능합니다.

빵집 얘기로 치면, 건강을 해칠 염려가 있는 첨가물을 쓰지 못하게 한다든지, 제조 연월일을 속이는 짓 같은 부정을 용서하지 않는 거죠. 원자력 정책의 경우 국가가 이 같은 기능을 전혀 하지 못한 채, 오히려 거짓말을 계속하는 '주모자'가 되고 전력회사가 '공범자'가 되었기 때문에 돌이킬 수 없는 사태가 벌어진 겁니다.

거짓말을 꿰뚫어 볼 수 없는 구조

거짓말은 규모가 크고 대담할수록 쉽사리 속아 넘어가게 됩니다. 또한 전문가라는 사람들과 권위 있다고 여겨지는 언론이 전하면, 깊이 생각하지도 않고 믿어 버리는 경향이 있습니다.

다음과 같은 예는 어떨까요?

① 수소는 궁극의 무공해 에너지이다. 태워도 물 말고는 아무것도 생기지 않기 때문에 환경을 전혀 더럽히지 않는다.

② 수소는 물을 전기 분해하여 얻는다. 지구상에 잔뜩 존재하는 바닷물을 전기 분해하여 수소를 얻으면 자원 문제는 해결된다.

③ 따라서 '수소 에너지 사회' 구축을 위해 정부는 적극적으로 연구비와 사업비를 지원해야 한다.

이런 주장이 있다고 합시다. 팥빵 장려책보다는 조금 더 그럴싸하게 들리지 않나요? 그러나 이 또한 팥빵 장려책과 마찬가지로 새빨간 거짓말입니다.

물을 전기 분해해서 얻은 수소를 태우면 물을 전기 분해하는 데 쓴 에너지보다 적은 에너지를 얻는 데 그치기 때문에 아무 의미가 없습니다. 하면 할수록 에너지가 쓸데없이 낭비됩니다. 그런 바보짓을 할 바에야 물을 전기 분해할 때 나오는 전력을 그대로 쓰는 게 당연히 낫습니다. 그러니 아무도 시도하지 않지요. 이 정도로 저차원인 거짓말도 전문가라는 사람들이 진지한 얼굴로 주장하고 언론이 되풀이해서 전달하면 믿어 버리는 사람이 많을 겁니다.

하나 더, '바닷물을 전기 분해한다'는 건 있을 수 없는 일입니다. 염분은 철 같은 금속을 부식시키기 때문에 물을 전기 분해하더라도 담수를 써야지 바닷물을 쓸 수는 없습니다. 후쿠시마 제1원전 사고 때 원자로를 냉각하기 위해 바닷물을 투입하기로 한 결단이 늦어진 것은, 일단 바닷물(소금물)을 넣으면 원자로를 못 쓰게 되기 때문입니다. 쓸 수도 없는 '바닷물'이란 말을 일부러 넣은 것은 바다의 광대한 이미지를 연상시켜서 물이 쉽게 구할 수 있는 무진장한 자원이라는 착각을 일으키기 위한 사기 수법입니다.

소금물을 여과해 담수로 만드는 데는 많은 에너지가 필요합니다. 산유국인 중동 여러 나라에 공업이 발달하지 못한 것은 에너지 자원인 석유가 풍부해도 공업 생산에 빼놓을 수 없는 담수가 부족하기 때문이지요.

일본은 석유 같은 에너지 자원의 혜택은 입지 못했지만 풍부하고 질 좋은 물이 있습니다. 지구상에서 일본만큼 물이 풍족한 나라는 보기 드물다는 걸 잊어서는 안 됩니다. 한마디 덧붙이자면, 일본은 고마운 수자원을 너무나 하찮게 여기고 보수와 치수에 역행하는 난개발을 계속하고 있는데, 이러다가는 아주 무서운 결과를 낳을 수 있음을 명심해야 합니다.

전문가만큼 상식이 없다?

전문가라는 사람들이 아무렇지 않게 거짓말을 하는 경우, 세 가지 요인을 생각해 볼 수 있습니다. 가장 단순한 것은 '진짜로 그렇게 믿고 있는' 경우입니다. 예를 들면 "지금은 방사성 폐기물을 처리하는 유효한 방법이 없지만, 가까운 장래에 이 문제를 해결할 새로운 기술이 반드시 나올 겁니다."라고 자신 있게 말하는 사람이 있습니다. 그러나 세상에는 가능한 일과 불가능한 일이 있습니다. 불가능하다고 증명된 일마저 '기술이 해결할 것'이라고 우기는 것은 비과학적이고 어리석습니다.

오래전에 사람들이 '영구기관'과 '연금술' 연구에 몰두하던 때가 있었지요. 영구기관이란, 한 번 움직이면 밖에서 에너지를 공급하지 않아도 영원히 움직이는 기계를 말합니다. 연금술은 금이 아닌 것을 금으로 바꾸는 기술이고요. 그러나 그런 것은 실현 불가능하다는 게 물리학 세계에서는 이미 증명되었습니다. 이미 불가능하다는 걸 알면서도 인정하지 않고 "아니야, 가능할 거야. 인간은 현명하니까."라고 주장하는 것은 어른스러운 태도가 아닙니다.

인간은 지구 생태계라는 기적적인 환경 속에서 '사는 것이 허용된' 생물 중 하나에 지나지 않습니다. 아무리 지혜를 쥐어짜도 지구 생태계에서 물리적으로 불가능한 일을 가능하게 만들 수는 없는 겁니다. 인간은 그저 '지구에서 사는 것이 허용된 생물 중 하나'라는 감각을 잃어버린 사람이 과학과 기술을 만능이라고 착각하면 큰 잘못을 범하게 됩니다.

두 번째 경우는, 진실을 알고 있지만 자기가 쥔 이권을 지키기 위해 거짓말을 하는 겁니다. 세 번째는, 이상하다는 생각을 계속하면서도 자신을 속이다 보니 어느새 정말이라고 믿어 버리게 된 경우입니다. 예를 들면 "원전은 절대로 안전합니다. 방사능 누출 사고는 일어나지 않습니다."라는 말은 명백한 거짓말입니다. 일본의 원전은 여기저기서 몇 번이나 사고를 일으켰습니다. 그중에는 큰 사고가 일어날 뻔한 걸 기적적으로 피한 경우도 있었습니다.

그런데 '방사능 누출 사고는 일어날지도 모른다'고 인정해 버리면 원전을 만들 수 없습니다. 온 일본이 방사능 범벅이 될지도 모를 위험을 무릅쓰고 고작해야 물 끓이는 시스템인 원자력을 쓰다니요. 보통은 생각할 수 없는 일입니다.

그래서 원자력을 추진하는 사람들은 '사고는 절대로 일어나지 않는다'거나 '진도 얼마를 넘는 지진은 일어나지 않는다'거나 '몇 미터를 넘는 쓰나미는 오지 않는다' 같은 거짓말을 계속하게 됩니다. 그러는 동안 자신이 거짓말을 한다는 자각이 희미해지고, 결국엔 정말로 사고는 일어나지 않는다고 믿어 버리는 거지요.

다만, 정말로 그렇게 믿는 사람은 적을 겁니다. 언젠가 파멸적인 일이 일어날 거라고 예감하면서도 '아마 내가 살아 있는 동안에는 괜찮을 거야.'라고 생각했겠지요. '내가 죽은 다음 일은 몰라. 죽어 버렸으니 알 턱도 없고, 책임 안 져도 돼.' 그런 뜻에서 '괜찮다'고 말이죠. 한심한 건, '전문가'들이 늘어놓는 거짓말을 그대로 믿어 버리는 정치가와 평론가, 언론인들이 너무 많다는 겁니다.

여러분한테 꼭 부탁하고 싶은 것은, 아무리 어려워 보이는 주제라 해도 반드시 자기 머리로 생각해 보라는 겁니다. 스스로 생각하지 않고 '전문가'나 '권위'에 판단을 맡겨 버리는 것, 인생을 그런 식으로 사는 사람이 늘어 가는 건 무서운 일입니다.

목숨을 위협하는 진짜 위험은?

여기서 잠깐 후쿠시마 이야기로 돌아가 보겠습니다. 시간이 지나면서 후쿠시마를 어떻게 봐야 하는가, 어떻게 하는 게 옳은가를 놓고 사람들의 생각과 행동이 눈에 띄게 나뉘었습니다.

먼저 '후쿠시마는 방사능으로 오염되어 버렸으니 머물러서는 안된다. 특히 방사능에 영향을 받기 쉽고 앞으로 살아갈 날이 긴 어린아이들을 한시바삐 안전한 곳으로 피난시켜야 한다'고 주장하는 사람들의 움직임이 눈에 띕니다. 그중에는 '일이네, 고향 생각이네 하면서 후쿠시마에 눌러앉아 있는 부모는 아이의 생명에 대한 책임감이 없어도 너무 없다'며 거친 주장을 하는 사람도 있더군요. '눈앞에 닥친 화염에서 지키기 위해 아이를 안고 멀리 도망치는 데 이유는 필요 없다. 이것은 절대적 정의다'라고요.

그러나 현실은 그렇게 단순하지 않습니다. 방사능 오염은 사방으로 퍼졌습니다. 후쿠시마니까 위험하다거나 20km 안쪽이니까 혹은 30km 안쪽이니까 위험하다는 식으로 말할 수 없다는 건 이미 설명한 대로입니다. 또한 도망치지 않으면 위험하다고 주장하는 사람들이 드는 근거는 주로 공간선량인데, 이것은 감마선의 외부 피폭 지표일 뿐입니다. 진짜로 위험한 내부 피폭의 위험성에 대해서는 확실한 판단 자료가 없습니다. 물론 공간선량이 높은 장소에는 그만큼 많은 방사성 물질이 존재한다는 뜻이므로 방사성 물질을 흡입하거나 먹을 위험성도 높겠지요. 가능하면 거기서 멀리 떨어진 데 가서 살고 싶은 것도 당연합니다.

그러나 인간에게 위험과 안전이란 그리 단순한 것이 아닙니다. 또한 목숨의 가치와 질이란 게 생물학적, 의학적 데이터(안전치 등)로 잴 수 있는 것도 아니고요.

소마 시는 쓰나미와 방사능 오염이라는 이중 피해를 입었습니다. 그곳 이소베 초등학교에 다니던 6학년 학생의 뒷얘기를 추적한 〈스물한 명의 동그라미〉라는 다큐멘터리(NHK 제작)를 보고 후쿠시마가 안고 있는 문제의 복잡함을 다시 생각하게 되었습니다. 그중 두 아이 이야기를 간단히 소개해 보지요.

모모코의 아버지는 '뽐므 드 떼르'라는 레스토랑을 운영했으나, 3·11 때 쓰나미에 집이 떠내려가고 가게는 침수되었습니다. 집을 잃고 가게도 언제 다시 열게 될지 알 수 없었지만, 모모코는 여름방학을 이용해 가게 재건을 도왔습니다. 그리고 마침내 가게를 다시 열게 되었습니다.

모모코는 아버지한테 요리를 배워 레스토랑 사업을 잇고 싶다 합니다. 그런 만큼 가게에서 일하지 않는 아버지 모습을 보고 있기가 괴로웠지요. 비록 가게를 다시 열기는 했지만 마을이 모조리 파괴된 만큼 가게 경영이 이전보다 몇 배나 고생스러울 건 뻔한 일입니다. 그래도 이 부녀에게는 이 땅에 남아서 가게를 다시 열게 된 것이 '목숨의 가치'를 되찾는 것이었습니다.

또 한 명, 농부의 아들 류노스케는 논일 돕기를 아주 좋아해서 "벼가 자라는 걸 보는 게 즐거워요."라고 말합니다. 류노스케는 자기가 일을 돕는 논 옆 산에 '비밀 장소'를 갖고 있습니다. 물이 흐르고, 여기저기 물웅덩이와 습지가 있는 곳이지요.

"물소리가 아름답고 새도 가끔 울어요. 이 물이 마지막에는 바다로 흘러가요."라고 담담하게 말하는 류노스케. 숲과 물의 소중함, 고마움을 본능적으로 알고 있는 소년에게, 소마 시의 숲과 논은 자기 목숨의 가치, 인생의 의미를 만들어 가는 근본입니다.

소마 시는 이타테무라에 인접해 있습니다. 이타테무라는 방사능 오염이 심해서 '계획적 피난 구역'으로 지정되어 주민이 모두 피난을 간 비극적인 마을로 유명해졌는데, 소마 시도 서쪽은 오염이 상당히 심해 농업과 축산업을 재개하기 어려운 형편이지요. 그러나 소마 시는 원전 30km 안쪽에 들지 않아 '계획적 피난 구역'으로 지정되지 못했기 때문에 방사능 피해에 대한 보상이 늦어지고 있습니다.

모모코와 류노스케가 사는 이소베 지구는 바다에 면해 있어서 다행히 방사능 오염은 덜했지만, 그래도 절대 안전하다고는 말할 수 없습니다. 모모코 아버지는 레스토랑에서 쓸 식품을 구입하느라 고생하고 있고, 류노스케 아버지는 논일을 돕는 아들이 피폭당할까 봐 두려워서 예전처럼 일을 돕게 두지는 못합니다. 그 아이들이 다니는 이소베 초등학교에서도 뒤늦게나마 교정의 흙을 깎아 내는 등 '오염 제거'를 하게 되었고, 그동안에는 학생 전원이 교실에서 밖으로 나오지 못하고 마스크를 쓴 채 수업을 받았습니다.

어느 날, 초등학교 특별 수업으로 대학 교수가 불려 와 방사선 이야기를 했습니다. 수업이 끝난 후에 류노스케는 혼자서 대학 교수를 찾아가 이렇게 물었습니다.

"이소베 지구의 연간 누적 방사선 양은 어느 정도예요?"

질문을 받은 교수는 당황해서 "2, 3mSv 아닌가." 하고 대답했습니다. 뭐, 실제로 그렇지요. 연간 1mSv라는 수치가 독주하고 있지만, 현실에서 연간 피폭량이 1mSv 이하인 장소는 후쿠시마 내에 거의 남아 있지 않으니까요.

그런 상황에서도 그들은 지금까지 뿌리내리고 산 땅에 남아서, 어떻게든 예전처럼 인생의 가치를 지키려 노력하고 있습니다. 가령 그들에게 "이주할 곳을 준비했습니다. 다만, 거기서는 레스토랑도 할 수 없고 농사도 지을 수 없습니다. 그 대신 최저한의 생활을 할 수 있도록 보상금은 계속 지불할 테니 여기서 나가 주세요."라고 조건을 제시했다 칩시다.

아이들을 후쿠시마에 남겨 두는 건 말도 안 되는 일이라고 생각하는 사람들은 그런 조건이라도 일단은 받아들여 후쿠시마에서 도망치는 게 먼저라고 생각합니다. 그러나 그래서는 모모코 아버지나 류노스케 아버지 같은 이들의 '목숨의 가치'가 산산조각 나 버립니다. 삶의 보람을 찾지 못하면 정신 건강을 지키지 못해 육체에도 영향이 미칩니다. 행복을 느끼지 못하는 나날 속에서 목숨을 옥죄어 가며 사는 것이야말로 오히려 얼마나 '위험'한 일인지…….

지금 이소베 지구에 삶의 보람을 포기할 만큼 방사능 위험이 있는지 간단히 결론을 내리긴 어렵습니다. 부모의 일을 자랑스럽게 이어받아서 아버지처럼 살고 싶다는 모모코와 류노스케. 두 아이는 벌써 나름대로 살고 싶은 인생이 있고, 그렇게 살기 위해 생각하고 행동합니다. 그들에게 후쿠시마에서 나가라는 건 부모 자식의 연을 끊으라거나 사는 방식을 바꾸라고 말하는 것과 다름없지요.

중요한 건 주어진 목숨을 가치 있게 만들며 살아가는 것입니다. 그러기 위해서는 어떻게 하는 게 가장 좋을지 생각해야만 합니다. 당연히 답은 하나가 아닐 테지요.

6장. 에너지 문제의 거짓과 진실

벼 베기를 하는 라쿠토

원전의 시비를 둘러싼 토론 방송이 계기

"문과 전공자가 어떻게 원전이나 에너지 문제를 그렇게 잘 압니까?"
라는 질문을 자주 받습니다. 제가 원전과 에너지 문제에 골몰하게 된
계기는 지금도 여전히 방송 중인 토론 프로그램 〈아침까지 생방송〉입
니다. 1988년에 2회에 걸쳐 원전의 시시비비를 주제로 한 토론을 방
송했지요. 방송 2년 전인 1986년에 체르노빌 원전 사고가 일어나는
바람에 원전의 안전성에 대해 활발한 토론이 벌어지게 되었습니다.
원전의 위험성에 대해 경종을 울린 『위험한 이야기』(히로세 다카시
지음, 하치가쓰쇼칸, 1987년)[*]는 수십만 부가 팔린 베스트셀러가 되
었고 원전 건설 예정지에서는 격렬한 반대 운동이 일어났습니다. 〈아
침까지 생방송〉이 계속 터부가 되어 온 원전이라는 주제를 거론한 것
도 그러한 시대 배경이 있었기 때문이었죠.

당시 서른세 살이었던 저는 이 방송을 보고 인생관, 세계관이 확
바뀌었습니다. 방송에서 원전 추진파 사람들은 반대파 사람들에게
'원전이 안 된다면 당신들은 대안을 준비하고 있는가, 대안도 없이 무
턱대고 반대만 하는 건 무책임하다'는 논지로 공격했습니다.

이에 대해 반대파 사람들은 '대안 따위 필요 없다', '원전이 없어도
전력은 충분하다', '애초에 대안이 필요하다는 말 자체가 교묘한 사기
다'라고 반론을 폈는데, 저는 이 장면을 보면서 아무래도 개운하지가

---

[*]　우리나라에서는 『원전을 멈춰라: 체르노빌이 예언한 후쿠시마』(이음, 2011년)로 번역 출
간되었다.

않았습니다. '대안'은 필요하다고 생각했기 때문입니다. 그래서 방송에 출연한 반대파 학자들이 쓴 책을 사서 읽어 보았습니다.『자원물리학 입문』(쓰치다 아쓰시 지음, NHK북스, 1982년)과『에너지와 엔트로피의 경제학』(무로타 다케시 지음, 동양경제신보사, 1979년)이라는 책이었습니다.

저는 책을 읽고 엄청난 충격을 받았습니다. 원전이 위험한가 아닌가 하는 이야기뿐만 아니라, 지구상에서 생명 활동이 지속 가능한 이유는 무엇인가 하는 근본적인 문제까지 언급되어 있었기 때문이죠.

지금부터 그 이야기를 정리해 보려 합니다. 어렵게 느껴질지도 모르지만 이제부터 펼쳐질 시대를 이해하는 데 중요한 정보이니 관심을 갖고 읽어 주세요.

에너지를 얻는 것보다 쓰레기를 버릴 수 있는 게 중요하다

이 세계는 여러 가지 물리 법칙에 따라 존재합니다. 뉴턴이 나뭇가지에서 떨어지는 사과를 보고 발견했다는 만유인력의 법칙이나, 목욕탕에 들어가자 몸이 가벼워지는 데서 번뜩 깨달은 아르키메데스의 원리 (부력의 원리) 같은 게 있지요. 여러 가지 중에서도 가장 기본적이고 많은 이들이 앞으로도 뒤집힐 일은 없을 거라고 말하는 법칙이 두 가지 있습니다.

하나는 '에너지 보존의 법칙'(열역학 제1 법칙)이라고 불리는 것입니다. 닫힌 세계(예를 들어 지구라는 환경)에서 에너지는 형태가 바뀔

지언정 총량은 늘 같다는 법칙입니다. 여기서 말하는 에너지는 '열'일 수도 있고 '일'일 수도 있습니다. 휘발유를 예로 생각해 봅시다. 휘발유라는 연료를 태워서 얻는 에너지(열)를 이용해 엔진을 움직이는데, 휘발유가 소비된 만큼 열이 나와 일을 할 수 있습니다. 이때 휘발유는 없어지지만, 그만큼 열과 일이라는 형태로 바뀌었을 뿐이고, 엔진을 움직이기 전이든 후든 '에너지 총량'은 변하지 않는다는 것이 '에너지 보존의 법칙'입니다.

에너지 총량이 변하지 않는다면 인간에게 중요한 것은 에너지의 양이 아니라 '질'입니다. 바꿔 말하면, 그 에너지를 간단히 이용할 수 있는지 여부로 에너지의 가치가 결정됩니다.

석유 같은 지하자원이 유용한 것은 한곳에 모여 있어서 채굴하기가 수월하고, 쓸데없는 에너지를 들이지 않고 금방 이용할 수 있기 때문입니다. 반대로 바닷물이 가진 에너지 총량은 어마어마하지만 광범위하게 퍼져 있기 때문에 인간이 자기 편할 때 꺼내어 쓰는 일은 간단치 않습니다. 바닷물보다 석유가 유용한 에너지 자원인 이유지요.

또 하나 근원적인 물리 법칙은 '엔트로피 증가의 법칙'(열역학 제2법칙)입니다. 보통 에너지 보존의 법칙을 말할 때 같이 언급되는 일이 많습니다. 엔트로피라는 건 귀에 익지 않은 말일 테지만, 여기서는 '더러움', '쓰레기' 혹은 '무질서한 정도', '쓸모없는 정도'로 생각하면 됩니다. 이것도 휘발유 엔진을 예로 들어 설명해 볼까요.

엔진을 돌리기 위해 휘발유를 연료로 쓰는데, 엔진을 돌린 뒤에 나온 열과 일을 다시 휘발유로 되돌릴 수는 없습니다. 이렇게 사물이 한 방향으로만 움직이고, 원래대로는 돌아가지 않는 것을 '불가역'이라고 합니다.

엔진을 돌리면 반드시 열과 폐기물(불완전 연소 검댕과 배기가스에 포함된 미립자 따위)이 생기는데, 이것들은 에너지를 쓰면 쓸수록(일을 하면 할수록) 늘기만 할 뿐 줄어들지는 않습니다. 이것을 물리학에서는 '엔트로피가 증가했다'고 말하지요.

바꿔 말하면, 휘발유라는 건 엔트로피(더러움)가 아주 낮은 상태인 물질이고, 여러 가지 용도로 쓸 수 있습니다(＝질이 높음). 그러나 그 것을 쓴 후에 나오는 열과 폐기물은 엔트로피가 높은 상태이고, 이용 가치가 별로 없습니다(＝질이 낮음).

기계는 아무리 살살 다뤄도 언젠가는 망가집니다. 인간은 아무리 건강에 유의해도 언젠가는 죽습니다. 이것도 '엔트로피 증가의 법칙'을 따르고 있기 때문입니다. 엔트로피는 늘기만 할 뿐 줄어들지는 않습니다. 그러나 버릴 수는 있지요. 인간은 외부의 음식을 먹고 그 에너지를 써서 활동하며, 땀과 오줌, 똥, 내뱉는 숨 등을 통해 체내에 생긴 더러움(엔트로피)을 몸 밖으로 버립니다. 이 순환 시스템이 깨지면 생명을 유지할 수 없습니다.

동물은 먹지 않아도 며칠 동안 살 수 있지만, 배출 기능을 잃어서 땀을 흘리지 못하거나 오줌이 나오지 않으면 금방 죽어 버립니다. 배출 기능, 체내의 순환 기능은 물을 매개로 일어나기 때문에 물을 마실 수 없게 되면 먹을 것을 먹지 못했을 때보다 빨리 죽지요. 생명 활동에서는 에너지를 얻는 것보다 엔트로피를 버리는 일이 훨씬 더 중요하며 긴급한 과제인 겁니다.

생명 활동만이 아니라, 인간이 벌이는 모든 생산 활동과 경제 활동도 마찬가지로 엔트로피 증가의 법칙을 따르고 있습니다. 물건을 만들면 반드시 폐기물이 나옵니다. '쓰레기 없는 공장'이란 말이 있지만, 그런 건 물리학적으로 있을 수 없습니다. 공장에 쓰레기 하나 떨어져 있지 않다면, 나온 폐기물을 어딘가에 버렸거나 보이지 않게 숨겼을 뿐인 거죠.

지구는 왜 쓰레기투성이가 되지 않는가?

에너지와 엔트로피의 관계는 이제 대충 이해했을 거라 생각합니다. 그러면 이번에는 지구 전체로 범위를 넓혀서 생각해 봅시다. 지구를 하나의 생명체라고 보면 밖에서 들어오는 에너지는 태양광입니다. 이것 말고는 없습니다. 태양광 에너지가 동식물과 물, 대기의 순환 등을 통해 모든 활동 에너지로 변환됩니다.

태양광 에너지는 전체로는 그 양이 어마어마하지만 넓게 퍼져서 쏟아져 내리기 때문에 태양광을 직접 이용하기란 간단하지 않습니다. 그래서 인간은 태양광 에너지가 동식물에 의해 변환된 형태, 즉 먹을거리를 먹음으로써 효율적으로 에너지를 섭취하지요.

석유와 석탄 같은 지하자원도 태양광 에너지가 과거에 동식물의 생명 활동에 의해 물질로 변환되어 지하에 갇힌 것이라서 원래는 태양광 에너지라고 할 수 있습니다. 또한 석유와 석탄은 에너지가 농축된 통조림 같은 것이므로, 지금 이 순간 계속 쏟아지는 태양광을 직접 이용하는 것보다 훨씬 효율적으로 에너지를 얻을 수 있지요.

자, 들어오는 에너지가 태양광뿐이라는 건 알았습니다. 그러면 태양광 에너지를 사용한 뒤에 나오는 엔트로피(더러움)를 버리는 구조는 어떻게 되어 있을까요? 엔트로피는 증가하기만 할 뿐 줄지는 않으니까, 생명 활동과 인간의 생산 활동이 계속되면 지구는 폐기물, 열 투성이가 되어 죽음의 세계로 변해야 할 것입니다.

그러나 생명 활동은 몇십 억 년이나 이어지고 있지요. 그렇다는 건, 늘어난 엔트로피(폐기물, 열)를 어떤 방법으로든 지구 밖, 즉 우주에 버리고 있을 거란 얘깁니다. 그 구조를 살펴봅시다.

개가 땅 위에 똥을 쌌다고 칩시다. 바로 뒤에 여러분이 지나가다가 밟으면 재수 없는 일이 되겠지만, 며칠 뒤라면 개똥은 흔적도 없이 사라졌을 테지요. 곤충이 먹거나, 박테리아가 분해하거나, 바싹 말라서 가루가 되어 바람에 실려 날아간 결과입니다. 똥을 먹은 곤충이 더 강한 생물에게 먹히거나, 사체가 박테리아에게 분해되는 방식으로 물질은 순환됩니다. 흔히 말하는 먹이사슬, 생태계 순환입니다.

이런 과정에서는 반드시 열이 발생합니다. 생명 활동에 의해 늘어난 엔트로피는 열과 물질에 달라붙어서 이동합니다. 개가 똥을 쌈으로써 늘어난 엔트로피도 결국엔 열이 되어 대기의 순환, 물의 순환(수증기)에 의해 지구 상공까지 운반됩니다. 그리고 마지막으로 그 수증기가 식어서 비가 되어 다시 지상으로 돌아오는데, 이때 상공까지 운반되었던 열은 식어서 낮은 온도의 열이 되어 우주 공간에 버려지는 겁니다.

즉, 지구상에서 발생한 모든 더러움(폐기물, 열)은 지구의 물질 순환, 생태계 순환에 의해 열로 바뀌고, 물 순환을 통해 마지막에는 우주에 버려집니다. 늘어난 엔트로피를 버리는 이 같은 순환 구조 덕분에 지구라는 행성은 쓰레기 천지가 되지 않고 생명 활동이 유지될 수 있는 거지요.

거꾸로 말하면, 생명 활동 등으로 발생한 쓰레기와 더러움(엔트로피)을 우주에 버리는 지구 생태계, 순환 시스템이 망가져 버리면, 혹은 순환 시스템이 갖고 있는 능력 이상의 쓰레기를 배출하면, 지구는 생명 활동을 더 이상 지탱할 수 없게 됩니다. 이를 에너지 문제에 적용하면 다음과 같은 사실이 명백해집니다.

① 인간에게 에너지는 양이 아니라 쓰기 쉬운가 여부, 즉 질이 중요하다.

② 에너지를 꺼내어 이용하려면 반드시 다른 에너지를 써야만 하는데, 그 에너지가 너무 크면 에너지 시스템으로서는 쓸모가 없다.

③ 에너지를 얻는 것만 생각해서는 안 된다. 에너지를 쓴 결과 발생하는 엔트로피(더러움, 쓰레기)를 버리는 일이 중요하다.

④ 더러움을 버리려면 지구가 갖고 있는 순환 시스템에 의존할 수밖에 없다. 지구의 순환 시스템을 건전하게 유지하지 못하면, 문명은 커녕 모든 생명이 존속할 수 없다.

⑤ 원자력 발전은 지구의 순환 시스템이 감당할 수 없는(버릴 수

없는) 쓰레기를 배출한다. 이 한 가지만 보아도 기술로서는 성립하지 않는다. 즉, 해서는 안 된다.

〈아침까지 생방송〉이라는 프로그램이 계기가 되어 읽은 두 권의 책에는 이런 사실이 쓰여 있었습니다. 왜 지금까지 이렇게 중요한 것들을 모르고 살았을까, 큰 충격을 받았지요.

그 후 저는 온갖 정보를 접할 때마다, 이 '엔트로피 증가'라는 물리 법칙을 통해 보게 되었습니다. 그 결과, 언뜻 훌륭해 보이는 의견과 이론도 이 물리 법칙을 무시한 경우가 많다는 사실을 깨닫게 됐습니다. 엔트로피 환경론은 제가 사물의 진위를 파악하는 데 가장 중요한 척도가 되었지요. 아무리 교묘한 거짓말을 해도 이제는 잘 속지 않게 된 겁니다.

CO_2 온난화설이라는 거짓말

체르노빌 원전 사고가 일어날 즈음만 해도 앞으로 지구는 한랭화할 것이란 경고가 나오고 있었습니다. 한랭화하면 작물을 경작할 수 없기 때문에 새로운 에너지가 필요하다는 논지가 원전 추진에도 이용되었지요. 그런데 어느새 한랭화설은 사라지고, 지구가 온난화되어 큰일을 겪을 거라는 얘기로 바뀌었습니다. 온난화의 원인은 인간 사회가 배출하는 CO_2이며, CO_2를 배출하지 않는 원전은 지구 온난화를 방지하는 유력한 수단이 된다는 선전도 성행했습니다. 확실히 원자로

내에서는 CO_2가 발생하지 않을지도 모릅니다. 그 대신 처리할 수 없는 핵폐기물이 마구 배출되고 있지요.

당시부터 지구가 서서히 온난화되어 가고 있던 건 확실하지만, 주된 원인이 CO_2라는 설은 아주 수상합니다. 온난화와 가장 관계 깊은 기체는 수증기입니다. 겨울에도 그렇고 한밤중에도 그렇고, 구름이 끼면 추위가 덜하지요. 수증기에 비하면 CO_2가 온난화에 기여하는 정도는 새 발의 피입니다.

CO_2 온난화설의 뿌리는 킬링이라는 기상학자가 발표한 데이터입니다. 킬링은 하와이 마우나로아 관측소에서 대기 중 CO_2 농도를 관측해 왔는데, 그 자료에 의하면 대기 중 CO_2 농도와 기온 변화가 높은 빈도로 연동됩니다.

이것을 근거로 많은 학자들이 'CO_2 증가 때문에 기온이 올라간다'는 결론을 믿기 시작했지요. 그런데 이 데이터를 자세히 보면 기온 상승이 CO_2 증가보다 반년에서 1년가량 빨라 보입니다. 즉 '기온이 올라갔기 때문에 CO_2 농도가 올라갔다'고 해석할 수도 있는 거죠.

CO_2 온난화설의 진위에 대해서는 지면이 부족하여 이 정도 언급하는 데서 그치겠습니다. 흥미가 생겼다면 꼭 관련 서적을 여러 권 읽고 조사해 보세요. 확실히 말할 수 있는 건, 애초에 CO_2는 생물에 무해하다는 겁니다. 무해할 뿐만 아니라, 식물 광합성의 근본이므로 생태계에 꼭 필요합니다. CO_2가 없으면 생물은 살 수 없지요. 생태계 유지를 위해서 필요한 물질인 CO_2와 지구 생태계, 순환 시스템이 처리할 수 없는 궁극의 독물인 방사성 폐기물을 비교하는 것 자체가 바보

짓입니다.

또 원전용 우라늄 연료를 제조하기까지는 엄청난 양의 석유가 소모됩니다. 발전소 시설을 만드는 데도 석유를 씁니다. 배출된 핵폐기물을 영원에 가까운 시간 동안 격리하고 보관하는 데도 석유가 필요합니다. 그런데 원전의 발전 비용에는 이러한 비용을 포함시키지 않고 있습니다. 그렇기 때문에 '싸다'는 주장을 곧이곧대로 받아들일 수 없는 거죠. 어마어마한 세금과 공공요금을 들여 거짓투성이 원전 추진 캠페인을 벌이는 세상에 살고 있다고 생각하면 숨이 턱 막힙니다.

저는 인생을 작곡에 바칠 작정이었기 때문에 저널리스트를 흉내내는 일 따위 하고 싶지 않았습니다. 그러나 엔트로피 이론을 알고서 너무나 큰 충격을 받았기 때문에 잠자코 있기가 괴로웠습니다. 고민한 끝에 『마리아의 아버지』라는 소설을 썼지요. '에너지 문제의 본질은 엔트로피 문제'라는 사실을 바탕에 깐 소설입니다. 인간 최후의 희망인 '순수함', '이성', '사랑'이라는 세 가지 요소를 대표하는 인물 세명이 여행하는 내용으로 구성했습니다. 이 작품이 인정받아 '소설 스바루 신인상'을 받았습니다. 1991년, 서른여섯 살 때입니다.

그러나 책이 많이 팔리지는 않았지요. 문단 내부에서 '다쿠키 요시미쓰라는 신인 작가는 반원전 사상을 가진 모양이니 얽히지 않는 게 좋다'는 소문이 떠돈다는 이야기를 들었습니다. 그 밖에도 여러 가지 사정이 있어서 저는 모처럼 손에 쥔 '소설가 등단'이라는 기회를 살리지 못하고 무명인 채로, 늪 같은 가난에 빠져들어 갔습니다. 30대 후반의 일이지요. 그 좌절감을 극복하기 위해 내 행복의 기준을 조금 바꿔서, 1장에 쓴 대로 눈 쌓인 니가타 산속에 집을 구했던 거고요.

주에쓰 지진이 가르쳐 준 것

주제를 바꿔서, 니가타에서 낡은 집을 고치며 지낸 12년 동안 배운 것에 대해 조금 이야기해 보겠습니다. 니가타 집에는 전기, 전화는 물론이고, 수도와 도시가스도 처음부터 들어와 있었습니다. 집을 구입한 이듬해에는 하수도도 연결되었고요. 그 지역은 옛날에 '일본 열도 개조론'을 제창한 토건업자 출신 수상 다나카 가쿠에이[1972년부터 1974년까지 내각을 이끌었다.]의 출신지로, 공공사업에 대한 투자가 엄청났습니다.

그런데 주택이 스물 몇 채밖에 없는 산골 마을까지 굳이 도시가스와 하수도를 끌어다 댈 필요는 없습니다. 가스는 프로판이어도 되고, 땅이 남아돌기 때문에 오수, 배수 처리는 토양 정화 시스템 등을 사용하는 편이 훨씬 합리적이지요.

저는 집을 구입한 뒤 화장실을 수세식으로 고치기 위해서 부지 안에 토양 정화 시스템을 만들었습니다. 토양 정화란, 오수를 토양 박테리아와 지렁이들이 분해하게 해 깨끗하게 만드는 것입니다. 오물(유기물)을 분해하는 토양 박테리아는 지표에서 30cm쯤 되는 얕은 땅속에 모여 있기 때문에, 오수가 금방 지하에 흡수되지 않도록 지표면 가까이에 머물게 해서 분해시키는 게 핵심이지요. 방수 시트와 자갈 따위만 있으면 간단하게 만들 수 있습니다.

자가 토양 정화 시스템은 2004년 10월 주에쓰 지진으로 집을 잃을 때까지 아무 문제 없이 기능했습니다. 그래서 관련 기관에서 하수도를 연결하러 왔을 때도 "우리 집은 하수 처리를 흙으로 하고 있어서 하수도가 필요 없습니다." 하고 배관 공사를 거절했습니다.

의미 없는 공공사업과 함께 신경이 쓰인 점은 주위가 황폐한 삼나무 숲투성이였다는 겁니다. 전쟁 후에 돈이 된다는 이유로 잡목림을 밀어 내고 삼나무를 심은 결과인데, 외국에서 값싼 목재를 수입한 뒤로 국산 목재가 팔리지 않게 되면서 숲을 관리하지 않아 마구 우거진 겁니다.

삼나무 숲은 뿌리가 얕고 보수력이 약한 탓에 큰비가 내리면 여기저기서 토사가 무너져 강으로 흘러듭니다. 흘러든 토사가 하류 댐까지 떠내려가지 못하게 하려고 강 상류에 소규모 댐을 몇 개 만들어 놓았는데, 그 때문에 물고기가 물을 거슬러 오르지 못해 개체 수가 격감했습니다.

삼나무 숲은 열매를 비롯해서 새와 야생동물들이 먹을 만한 걸 별로 만들어 내지 못하므로 생태계도 빈약해집니다. 그런 탓에 원래 산속에 살던 멧돼지, 여우, 너구리, 사슴, 곰 같은 야생동물이 배고픔을 못 이기고 차츰 마을로 내려와 밭을 파헤치고 인간과 대립하지요. 집 옆 삼나무 숲은 이미 땅 주인이 누구인지조차 알 수가 없어서 방치된 상태였습니다. 삼나무는 겨울에도 잎을 떨구지 않아 주위가 쉽게 어두워지고, 생태계는 갈수록 위협받습니다.

시골 생활도 도시 생활 이상으로 스트레스투성이라고 느낄 무렵,

그림 6.1 하수도 맨홀이 드러난 도로

주에쓰 지진이 일어났습니다. 마을로 이어지는 외길은 엉망으로 무너졌고, 하수관은 파괴되어 맨홀이 드러났으며(그림 6.1), 도시가스 배관도 여기저기가 파열되었습니다. 읍은 '도시가스와 하수도를 복구하지 않는다면 금방 도로를 고칠 수 있지만, 원래대로 하수와 가스를 정비하게 되면 몇 년이 걸릴지 알 수 없다'고 통보했습니다. 주민들은 '가스와 하수도는 포기할 테니 빨리 도로를 고쳐 달라'고 요청했습니다. 그래서 정비를 끝낸 지 얼마 되지도 않은 하수도는 그냥 묻어 버리고 도로를 복구했지요. 곳곳의 토사 붕괴 현장은 대부분 삼나무 숲이었습니다.

제가 평소에 느끼던 스트레스, 즉 세금을 투입하여 필요 없는 것(도시가스와 하수도)을 억지로 만들거나 앞일을 생각하지 않고 눈앞의 돈을 탐내서 지나치게 삼나무만 심은 것이 주에쓰 지진을 계기로 모두 대가를 치른 꼴이었습니다.

결국 마을은 한시바삐 집단 이주를 결정했습니다. 원래 자리에는

163

그림 6.2　지진 직후의 집 안(위), 이듬해 봄, 완전히 무너진 우리 집(아래)

두 번 다시 집을 짓지 않겠다, 생활도 하지 않겠다는 조건으로 읍이 이사 갈 땅을 알선해 주었습니다. 마을 사람들은 모두 읍 중심부와 가까운 곳으로 옮겨 갔습니다. 그렇게 해서, 12년 동안 손질한 끝에 마지막 거처로 완성한 다누파크 에치고는 순식간에 사라져 버렸습니다.(그림 6.2)

3·11 이후를 살아갈 어린 벗들에게

재생 가능 에너지란 것은 없다

현재 일본에서는 오염 제거와 '자연 에너지'가 절대적 정의인 양 강조되면서 다른 주장을 펴는 것은 터부가 되었습니다. 오염 제거에 대해서는 앞서 설명했으니 이제 '자연 에너지'에 대해 알아보지요.

먼저 용어의 정의를 확인해 봅시다. '자연 에너지'란 태양광과 태양열, 풍력, 조력, 지열 등 '자연 현상'에서 얻을 수 있는 에너지를 가리키며, '재생 가능 에너지'란 말도 거의 같은 뜻으로 쓰이고 있습니다.

석유, 석탄, 천연가스 같은 지하자원은 쓰다 보면 언젠가 없어집니다. 따라서 지하자원에 의존하지 말아야 하고, 영원히 사라지지 않는 자연 에너지나 재생 가능 에너지를 쓰는 문명으로 바꾸지 않는 한 인류에게 미래는 없으며, 환경도 파괴되어 버린다는 것이 자연 에너지 추종론자들의 논지입니다.

이것이 의심할 바 없는 '절대적 정의'인 양 떠받드는 사람이 많은데, 실은 그렇게 간단한 이야기가 아닙니다. 이미 설명했듯이, 지구 환경에 밖에서 들어오는 에너지는 태양광과 태양열뿐입니다. 그 밖에도 우주에서 미량의 방사선이 들어오고, 행성과 행성 사이에 인력이 작용하지만, 우리의 생명 활동을 떠받쳐 주는 에너지원은 태양광뿐이라고 보아도 무방하지요. 다시 말해 우리가 이용할 수 있는 에너지는 태양광에서 얻은 것이므로, 그런 뜻에서 모두 '자연 에너지'입니다. 석유와 석탄도 과거에 동식물이 체내에 흡수한 태양광 에너지가 물질로 변환·응축된 것이 화석화된 것으로, 흔히 말하는 '태양 에너지 통조림' 같은 겁니다.

그러나 원자력은 전혀 다릅니다. 인간이 자연계 질서에 개입하여 인위적으로 핵분열 반응을 일으켜서 얻기 때문입니다. 원자력은 자연계 질서 속에 존재하지 않았던 에너지인 탓에, 거기서 나오는 쓰레기(방사성 폐기물)를 자연계에 버리는(분해하여 열로 바꾸어 우주에 버리는) 일도 불가능합니다. 이것이 원자력이 갖는 가장 큰 문제이며, 과학의 힘으로 해결할 수 없다는 건 이미 설명한 대로입니다.

'재생 가능 에너지'라는 말의 경우, 말 자체가 근본적으로 잘못된 것이기 때문에 이 말을 쓴다는 사실이 부끄러울 지경입니다. 지구 환경에서는 밖에서 들어오는 태양광 에너지가 소비되고, 그 결과 나오는 쓰레기와 더러움(증가한 엔트로피)은 생태계와 지구 순환 시스템이 열로 바꾸어 우주에 버리고 있습니다. 즉, 에너지는 소비될 뿐 '재생'되지는 않지요. 태양광이라는 에너지가 들어오지 않으면 지구상의 모든 생명 활동은 끝입니다.

석유가 고갈되면 자연 에너지도 쓸 수 없다

용어의 정의는 아무래도 상관없다, 석유나 석탄, 천연가스 같은 지하자원은 언젠가 고갈될 테니까 풍력 발전이나 태양광 발전으로 바꿔가야 하는 건 당연한 일 아닌가. 여러분은 이렇게 반론하겠지요?

그러면 이번엔 풍력 발전과 태양광 발전이 어떤 것인지 확인해 보겠습니다. 둘 다 결국은 '발전' 방식입니다. 즉, 생산해 내는 것은 전기

뿐입니다. 전기는 석유나 석탄 같은 '에너지원'이 아닙니다. 에너지를 전달하거나 이용하는 '수단'일 뿐입니다.

'에너지원'과 '에너지 전달 수단'을 알기 쉽게 설명해 보지요. 지렛대를 생각해 보세요. 지렛대는 한쪽 끝을 누르는 힘(예를 들면 인간의 힘)이 있어야 반대쪽 끝의 물건이 움직입니다. 물리에서 힘점, 받침점, 작용점이라는 걸 배웠을 테지요? 이 힘점을 누르는 힘을 내는 것이 '에너지원'입니다. 여러분이 인력으로 지렛대를 움직인다면, 여러분 자신이 에너지원인 겁니다.

석유와 석탄은 태우면 에너지를 얻을 수 있기 때문에 '에너지원'이라고 할 수 있습니다. 그러나 전기는 그렇지 않습니다. 전기를 생산하기 위한 에너지원이 따로 필요합니다. 지렛대로 말하자면, 전기는 힘점에 힘을 주는 여러분(에너지원)이 아니라, 지렛대 그 자체입니다. 다시 말해, 힘점에서 발생한 에너지를 떨어진 곳(작용점)까지 옮기기 위한 '수단'이지요. 전기는 훨씬 유연하고 광범위하게 이용할 수 있는 '지렛대'인 셈입니다.

"아 춥다. 너희 집에선 난방 어떻게 하니?"

"우린 전기야. 가스나 석유나 장작은 화재 위험이 있으니까. 에너지는 전기가 최고야."

"그렇지. 에너지는 전기가 최고야."

전기가 지렛대와 같다는 걸 이해했다면, 이 대화가 허튼소리라는 걸 꿰뚫었을 테지요? 그 자체가 에너지를 발생시키는 가스, 석유, 장작과, 그 에너지를 전달하는 수단인 전기를 똑같이 '에너지'라고 해서는 안 됩니다.

"그건 잘 알았고요. 전기를 만드는 에너지원으로 자연에 존재하는 바람과 태양광을 쓰니까 아무 문제도 없잖아요?" 여러분은 이렇게 말하고 싶겠죠? 그렇습니다. '에너지원'을 바람과 태양광에서 구하는 일 자체는 아무 문제 없습니다.

하지만 그 전에 한 가지 생각해 보세요. 바람과 태양광을 전기로 변환하기 위해서는 변환을 위한 발전 장치가 필요합니다. 만든 전기를 사방에 보내려면 송전망 같은 기반 시설도 필요합니다. 이것들은 무엇으로 만들어져 있나요?

철이든 플라스틱이든, 어떤 지하자원을 재료로 합니다. 그리고 석유와 석탄을 태워 얻은 에너지를 이용해 가공합니다. 즉, 석유와 석탄을 써서 발전 장치와 에너지 인프라를 만들 수 있어도, 전기만 가지고는 발전 장치와 에너지 인프라를 만들어 낼 수 없는 겁니다.

전기로 자동차를 달리게 할 수는 있습니다. 하지만 전기 자동차는 전기만 갖고는 만들 수 없습니다. 자동차는 금속과 합성수지로 되어 있습니다. 금속은 석유, 석탄과 마찬가지로 채굴하면 언젠가는 없어지는 지하자원이고, 합성수지는 석유를 원료로 만들지요. 석유가 없으면 발전 장치도, 송전망도, 자동차도, 공장도, 모든 화학제품도 만들 수 없습니다. 이것은 언젠가 지하자원이 고갈된다는 현실 이상으로 부정하기 어렵지요.

요약하면, 전기는 '수단'에 지나지 않으며, 전기만으로 뭔가를 만들어 낼 수는 없습니다. 석유는 에너지원인 동시에 현대 문명을 떠받치는 중요한 재료 자원이기도 하지요. 석유가 고갈된 세계에서는 아무리 전기가 있어도 지금 같은 문명은 성립할 수 없으며, 애초에 발전 장치와 송전망 같은 걸 만들 수 없기 때문에 풍력 발전, 태양광 발전이라는 기술도 쓸 수 없게 됩니다.

〈바람 계곡의 나우시카〉라는 애니메이션을 본 적 있나요? 거기에는 돌과 나무를 소재로 한 소박한 건조물, 소규모 풍차, 과거 석유 문명이 남긴 잔해 속에서 주워 모아 재활용한 소형 엔진과 공구, 행글라이더 같은 비행 장치 따위가 나옵니다. 그것이야말로 석유가 없어진 세계에 아직 인간이 살아남아 있다면 어떻게 살 것인가를 보여 주는 광경일 테죠.

석유가 고갈된 세계에서는 인력과 천연 소재(목재와 돌 등)만 가지고 만들 수 있는 수준의 풍차라면 몰라도, 지금처럼 높이 백 몇십 미터나 되는 거대한 발전용 풍차는 절대로 만들 수 없습니다. 발전에 필요한 기술과 지식은 전승될지 몰라도, 그것을 활용하는 데 필요한 재료와 에너지원이 없기 때문이지요.

하나 더, 일부 희귀 광물은 석유보다 앞서 모두 캐내어 없어질 거라고 하네요. 그것들은 항공기 엔진과 발전기에 쓰이는 터빈, 날개를 만드는 합금에 필요한 금속이므로, 석유가 고갈되기 전에 이미 터빈 엔진과 고성능 발전기를 만들 수 없게 될 거라고 지적하는 학자도 있습니다.

풍력, 태양광 발전만으로 전력을 조달할 수는 없다

석유와 금속 자원이 고갈되면 '자연 에너지'에 의한 발전도 불가능하다는 걸 알았습니다. 그렇다면 현대의 자연 에너지 보급이라는 사명은 석유 같은 지하자원을 절약하는 것으로 귀결됩니다. 가능한 일일까요?

'자연 에너지'라고 불리는 것을 하나씩 자세히 살펴봅시다. 지열 발전은 장소만 좋다면 유력한 발전 방법입니다. 이것은 말하자면 원전의 천연 버전 같은 것으로, 낮이든 밤이든 거의 일정한 출력으로 발전할 수 있습니다. 화력 발전처럼 연료를 밖에서 공급할 필요도 없으며, 원전처럼 유해한 폐기물을 내놓지도 않습니다. 구조 자체는 이상적인 발전이라고 할 수 있겠죠.

다만 적합한 땅이 극히 한정되어 있습니다. 일본은 화산 국가이지만, 지열 발전이 가능해 보이는 장소는 온천지이거나 국립공원 혹은 국정공원[국립공원에 준하는 명승지]이라서 여러 가지 제약이 있습니다. 무리하게 지열을 다 써 버리면, 부근의 온천이 말라 버릴 가능성도 있고요.

태양광 발전의 문제점은 비용과 불안정성입니다. 무료, 무진장인 태양광이 에너지원인데도 발전 비용이 높은 것은 시스템 구축 비용이 비싼 반면 그에 걸맞은 발전 능력을 얻을 수 없다는 뜻이지요.

발전용 패널은 주로 실리콘(규소)이라는 물질을 원재료로 씁니다. 이산화규소(규석, 규사, 실리카)라는 산화물을 환원(산소를 뺌)해서 만드는데, 그 공정에서 전력을 대량으로 소비합니다. 전기를 만드는 장치를 만들기 위해 전기를 쓰는 거니까, 당연히 사용한 전기 이상으로 많은 전기를 생산할 수 없다면 의미가 없는 거죠. 대량 생산에 따른 비용 절감은 가능하지만, 한계가 있습니다. 그 결과, 지금으로서는 보조금이나 기금을 들이지 않으면 다른 발전 방식과 경쟁할 수 없는 겁니다.

비용 면에서 이런 약점을 갖는 것은 물론이려니와, 야간에는 전혀 발전을 할 수 없고 낮에도 언제 얼마만큼 발전할 수 있을지 정확히 예측, 계산할 수도 없답니다. 발전 사업이란 시시각각 변화하는 전력 수요에 맞춰 총 발전량을 끊임없이 조정해 나가야만 하는, 아주 섬세한 사업인데도 말이죠. 그러한 시스템 속에 '날씨에 맡길 뿐 인간은 통제할 수 없는' 발전 방법을 끼워 넣는 건 무리입니다.

'언제 발전을 할 수 있는지는 전적으로 날씨에 달려서 인간이 통제할 수 없다'는 치명적 결점을 가장 뚜렷이 보여 주는 게 풍력 발전입니다. 언제 어느 정도 바람이 불지 정확하게 예측하는 건 불가능한 일입니다.

그림 6.3은 요코하마 시가 운영하는, 정격 출력 1,980kW인 대형 풍력 발전 시설 '하마윙'의 발전량을 시간별 그래프로 나타낸 것입니다.(『멈춰라! 풍력 발전』(쓰루타 유키 지음, 앳웍스, 2009년)에서 인용)

2007년 4월 1일, 7월 1일, 10월 1일, 2008년 1월 1일, 이렇게 연초 4월부터 시작해 3개월 간격으로 각 달의 1일을 뽑아냈는데, 이것을 보고 먼저 알 수 있는 사실은 정격 출력 1,980kW라고는 해도 그 최대 출력을 얻을 수 있는 시간이 없다는 겁니다. 4월 1일 한밤중에 1시 지나서 발전량이 불쑥 많아졌지만, 이 극단적인 정점에서조차 발전량이 950kW 정도여서 정격 출력의 반에도 못 미칩니다. 그 밖에 대부분의 시간대에는 0~200kW 언저리, 혹은 기껏해야 500kW를 일시적으로 넘어서는 정도이고요.

풍력 발전 시설 설명에서 자주 볼 수 있는 게 '일반 가정 2만 가구 분의 전력에 상당' 같은 표현인데, 이것은 거의가 '정격 출력'의 합계를 말합니다. 즉, 그 설비가 최대 출력을 냈을 때 얻을 수 있는 용량을 뜻하는 것이지 실제 발전량은 아닙니다. 정격 출력이라는 건 풍속이 최적일 때 얻을 수 있는 순간적인 최대 출력으로, 실제로는 그 출력을 얻을 수 있는 경우가 드물지요. 바람이 불지 않아도 발전을 못하지만, 바람이 너무 세게 불어도 풍차가 망가지는 걸 막기 위해 발전을 멈춰 버리니까요.

발전 효율 이상으로 문제가 되는 건, 언제 얼마만큼 발전을 할지 예측할 수 없다는 겁니다. 그림 6.3의 그래프를 보면 4월 1일 밤 1시 지나서부터 새벽 4시경까지 발전량이 툭 불거져 있는데, 이 시간대에는 사람들이 잠들어 있어서 하루 중 전력 수요가 가장 적다는 건 말할 필요도 없을 겁니다. 그런 때에 갑자기 발전을 시작해도 곤란할 뿐입니다. 전체 전력 사용량이 적을 때 갑자기 큰 전력이 흘러들면, 송전 설비를 이에 맞춰 조정하기 어려워서 정전이 될 위험이 있거든요. 그 때문에 '해열'解列이라 해서, 발전기를 송전 설비에서 빼 버리지요.

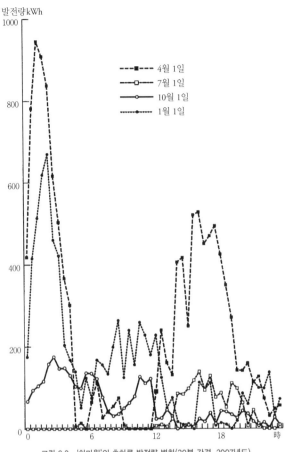

발전량kWh

- - -■- - - 4월 1일
- - -□- - - 7월 1일
──○── 10월 1일
·······●······· 1월 1일

그림 6.3 '하마윙'의 초하루 발전량 변화(30분 간격, 2007년도)

거꾸로 가장 전기를 많이 쓰는 때는 한여름 무더운 날 오후인데, 그런 시간대에는 대개 바람이 불지 않기 때문에 풍력 발전을 할 수 없습니다. 바람이 불지 않으니 당연히 기온도 올라갑니다. 조금이라도 도움이 필요할 때는 발전하지 않고, 필요 없을 때 갑자기 발전을 시작

6장. 에너지 문제의 거짓과 진실

해 정전 위험을 초래하는 것이 풍력 발전인 겁니다.

풍력과 태양광으로 모든 전력을 감당할 수 없다는 건 물리학에 나오는 어려운 얘기가 결코 아닙니다. 평범하게 생각하면 누구나 이해할 수 있는 것들이죠. 안정된 출력을 얻기 위해서는 축전지와 양수 발전소[물을 퍼 올려 부어서 낙차를 만들어 내는 수력 발전소] 같은 걸 추가해 에너지를 쌓아 둘 필요가 있는데, 그렇게 하면 당연히 발전 효율(투입하는 에너지 대비 얻을 수 있는 전력 에너지의 비율)은 뚝 떨어집니다.

현재 발전 효율이 가장 뛰어난 것은 복합 발전Combined Cycle이라고 불리는 발전 방식입니다. 천연가스 같은 연료를 내연기관(엔진)에서 태워 발전하고, 거기서 나오는 열로 물을 끓여서 그 증기의 힘으로도 발전기를 돌리는, 진화한 화력 발전 시스템이지요. 이러한 화력 발전은 최대 출력으로 움직이고 있을 때 가장 연비가 좋고, 가동과 정지를 자주 반복하거나 저출력으로 운전하면 연비가 나빠집니다.

풍력 발전은 언제 얼마만큼 발전할지 예측할 수 없기 때문에, 반드시 화력과 수력 등, 인간이 출력을 자유롭게 통제할 수 있는 발전과 함께 사용할 필요가 있지요. 그런데 이때 풍력 발전 비율을 무리하게 올리는 건 변동 폭을 늘리는 일이 됩니다. 화력 발전을 변동 폭이 큰 송전 시스템에 연결하면, 변동에 대응하느라 화력 발전에 불필요한 출력 조정을 시키게 됩니다. 이는 연비를 나쁘게 만들고, 오히려 화석 연료를 낭비하는 결과를 초래합니다.

이 폐해는 이미 풍력 발전 등의 도입을 추진해 온 유럽에서 실제로 일어났고, 이 때문에 '무리한 풍력 발전 추진은 오히려 화석 연료 고갈을 앞당긴다'고 지적하는 학자도 있습니다. 이것이 풍력 발전과 태양광 발전의 치명적인 문제점이며, 현재로서는 보조금과 기금을 들이지 않으면 전혀 경쟁력이 없는 이유이기도 하지요.

대형 풍차의 저주파음에 고통받는 사람들

안정적으로 편서풍이 부는 유럽 같은 곳에 비하면 땅덩이가 좁고 바람이 불안정한 일본에는 풍력 발전에 적합한 땅이 극히 적습니다. 적당히 해서는 다른 발전 방식을 따라잡을 수 없지요. 그래서 한때 정부가 건설비의 1/3을 보조하는 제도를 만들어 추진하기도 했습니다. 이보조금에 눈독을 들이고 무리하게 건설을 추진하는 업자가 팔을 걷어붙이는 바람에 일본 전역에 대형 풍차가 무더기로 들어섰습니다.

풍차는 '친환경'의 상징처럼 취급되기 일쑤지만, 원칙적으로 산에세우면 안 됩니다. 건설 장소도 문제가 되지만, 거대한 자재를 반입하기 위한 진입로 따위를 만드느라 나무가 잘려 나가고 그 결과 산의 보수력이 떨어져 주변에 사는 인간과 야생동물에게도 큰 위험을 초래할수 있습니다.

대형 풍차가 발산하는 저주파와 초저주파(귀에 들리지 않을 만큼주파수가 낮은 파동)에 의한 건강 피해도 무시할 수 없는 문제입니다. 저는 이 피해 실태를 확인하기 위해 이즈반도를 찾아가 고통받는 사람들에게 직접 이야기를 들었습니다. 정말로 비참하더군요.

집에서 1km 남짓한 곳에 거대 풍차가 세워졌다는 노인의 호소를 지금도 잊을 수 없습니다. 노인은 원래 살던 곳 근처에 산업 폐기물 처리장이 들어서게 되어 이즈반도 끝에 있는 산속까지 물러났고, 거기서 아내와 함께 조용한 노후를 보내고 있었습니다. 집 옆에 풍력 발전소가 들어선다는 얘기를 들었을 때도 환경을 위해 좋은 일이니까 반대하지 않는다며 건설 반대 서명조차 하지 않았다고 합니다.

그런데 풍차가 들어서자 아내는 곧 저주파 피해를 입어 병원에 다니게 되었습니다. 아내는 "여기 있다가는 죽겠소."라며 피난을 가서 따로 살게 되었다고 합니다. 노인은 내 눈을 똑바로 보며 몇 번이나 말했습니다.

"저건 절대 짓게 해서는 안 돼. 환경에 좋은 거라고 믿어서 반대하지 않았지만, 말도 안 되는 착각이었어. 건설이 시작되면 막을 수 없어. 지으면 끝이야. 생활은 엉망이 되고, 지옥 같은 나날이 시작돼. 당신네 마을에서는 아직 건설 시작 안 했지? 그러면 지금이 싸워야 할 때야. 절대로 짓게 둬선 안 돼. 지어 버리고 나면 이사 가는 거 말고는 방법이 없어."

그 취재 당시, 다른 노년 부부 댁에서 하룻밤 묵었는데, 그 집은 부부가 직접 지은 집이었습니다. 남편이 목공 가구 작가였던 터라 자택의 일부가 공방이어서, 집을 잃는 건 곧 일을 잃는 거였지요. 아내가 완전히 병들어 둘이서 친구 집과 아파트로 피난한 뒤에도, 남편은 일을 하러 자택 공방을 오가고 있었는데, 혈압이 오르고 끝내는 집중력을 잃어서 전동공구 조작 중에 부상을 당하고 말았습니다. 두 사람은 결국 자기 손으로 지은 집과 공방을 버려야 했지요.

대형 풍차가 건설된 모든 곳에서 이런 비극이 일어나고 있습니다. 우리 집에서 3km 떨어진 곳에 들어선 대형 풍차 무리 아래에도 이미 저주파음 때문에 고통받는 사람이 있습니다. 그러나 일본 전체를 놓고 보면 피해자가 아주 소수이기 때문에 무시당하고 있지요.

피해를 입어 괴로운 사람들에게는 풍차 그림이나 사진이 독물을 나타내는 해골 마크처럼 보이지만, 풍차가 이미지 향상에 좋다고 생각해 안이하게 광고에 사용하는 기업이 끊이지 않고 있습니다. 풍력 발전, 태양광 발전 같은 자연 에너지에 자금 원조를 하는 기업도 늘었습니다. 풍차 피해자들이 어떤 마음으로 그런 이미지 광고를 보고 있는지, 기업은 상상도 못하겠지요.

공표할 수 없는 자연 에너지 발전 실적

풍력 발전이 안고 있는 가장 큰 문제는 '실제 발전 실적'이 제대로 공표되고 있지 않다는 겁니다. 언제 얼마나 발전하고, 그것이 얼마나 '해열'되지 않고 제대로 송전망으로 흘러가 소비되며, 그 결과 화력 발전 등에서 얼마나 연료비가 절감되는지에 대한 데이터는 어디서도 찾아볼 수 없습니다. 결과가 너무나 참담해서 업자가 발표를 꺼리는 거죠. 그러나 세금을 투입해 원조한 사업인데도 실적을 발표하지 않고 넘어가게 그냥 두는 건 문제입니다.

그림 6.3에서 다룬 요코하마 시의 하마윙은, 그래프가 공개된 후 신문사가 발전 실적 데이터를 요청하자 '발전량이 목표에 이르지 못

해 의회에서 추궁당할 우려가 있기 때문에 공개하고 싶지 않다'며 공개를 거부했다는군요.(『도쿄신문』 2009년 10월 8일자 「여기는 특보부」 참조)

하마윙처럼 기업이 아니라 지자체가 주도해서 건설한 풍차의 경우 한때 정부가 건설비 절반을 보조해 주었습니다. 그런데 건설 후에 적자가 눈덩이처럼 불어났고, 고장이 났는데도 돈을 들여 수리해 봤자 적자만 커져 재정을 압박할 게 뻔하다 보니 지자체가 가동을 단념해 그저 전시물로 전락한 풍차도 많습니다. 홋카이도 오콧페쵸, 시즈오카 현 오마에자키 시 등의 풍차가 그렇지요.

이제 정부는 건설비 보조를 중단하고 그 대신에 풍력과 태양광 발전으로 생산한 전기를 전량 고액으로 사들이는 제도를 추진하고 있습니다. 이것은 원전을 추진할 때와 마찬가지로, 본래 성립할 수 없는 사업에 세금을 투입하여 억지로 추진하는 것으로서 자원 낭비, 환경 파괴를 부채질하는 꼴입니다.

물론 새로운 발전 방법에 대해 연구하고 기술을 개발하려는 노력은 항상 필요합니다. 포기하라는 말이 아닙니다. 앞으로 우리가 생각지도 못했던 새 발견, 새 기술이 등장할지도 모르지요. 그것까지 부정하고 무엇이든 무리다, 안 된다며 반대하는 건 아니랍니다. 다만, 잘못이라는 걸 알면서도 감추고, 거짓말하고, 사람을 속이는 행위, 세금을 써서 특정 인물들만 돈을 벌면 그만이라는 식의 행동들은 용서할 수 없다는 이야기를 하고 싶은 겁니다. 이 점만은 절대로 오해하지 않기 바랍니다.

'자연 에너지'라는 말은 듣기 좋습니다. 그런 것으로 지금 문명이 지속될 수 있을 거라 믿고 싶은 심리도 잘 압니다. 하지만 세금을 마음대로 쏟아부어도 된다고 생각하는 무리들은, 사람들의 그런 심리를 악용해 잘못된 쪽으로 '국책'을 이끌어 갑니다.

어려운 일, 귀찮은 일이어도 진실을 알려고 노력해 주세요. 열심히 생각하고 깊이 조사해서 진실을 알아 가야 합니다. 그 앞에서 기다리는 것이 절망적인 현실이라 해도, 저는 '모르는 채로 계속 속으며, 특정인의 돈벌이와 권력 투쟁에 이용당하기만 하는 인생'보다는 훨씬 낫다고 생각합니다.

터부를 없애지 않으면 사실은 보이지 않는다

앞서 말했듯이 저는 30대에 '엔트로피 환경론'을 알게 된 뒤로, 에너지 문제와 환경 문제에 관한 정보의 진위를 가려내는 잣대로 항상 엔트로피와 순환을 염두에 두게 되었습니다.

2012년 설날, 저는 그 계기가 된 텔레비전 프로그램 〈아침까지 생방송〉에 출연해 달라는 의뢰를 받아 방송국 스튜디오로 향했습니다. 옛날 나에게 중요한 것을 가르쳐 준 학자들의 연배가 되어 그들이 출연했던 프로그램에 불려 나가는 운명……. 문득 생각해 보니 참 신기한 일이더군요.

프로그램은 진행이 엉망이어서 전혀 만족할 수 없었지만, 몇 가지 피부로 느낀 점, 새롭게 이해한 점이 있었습니다. 방송 후반에 간신히 발언 기회를 얻은 저는 이것만은 말해 두어야겠다고 생각해 이렇게 발언했습니다.

"(정부나 전력회사나) 사실을 말하지 않습니다. 거짓말하는 데 세금을 펑펑 써요. (몬주와 핵연료 사이클이라는) 바보 같은 일을 지금까지 아무렇지 않게 계속해 온 것은 거기에 세금을 마음껏 쏟아부을 수 있는 권력이나 이권 구조가 있기 때문입니다. 똑같은 일을 말만 바꿔서 지금도 하고 있습니다."

사회자가 가로막아서 끝까지 제대로 논의를 이어 갈 수 없었지만, 제 발언 뒤에 곧장 방송이 광고로 넘어가자 옆에 있던 젊은 학자가 말을 걸어왔습니다.

"말씀하신 그대로예요! 저는 원자력촌에 속한 인간이지만, 언제나 그렇게 느꼈어요. 너무 이상해요, 그 세계(원자력촌)는."

그 일은 제게 지금도 인상 깊게 남아 있습니다.

정부의 원자력 정책에 이견을 내는 학자는 대놓고 배제됩니다. 연구비는 내려오지 않고, 출세도 할 수 없고, 논문은 무시당하고……. 그래서는 학자로 살아남을 수 없다는 걸 깨닫고, 원자력의 문제점을 입에 담는 걸 꺼리게 되는 거죠.

원전 사고 후, 재빨리 장비를 갖추고 후쿠시마의 오염 지대에 들어간 혼성 학자 팀이 있었습니다. 이 팀의 리더는 교토대학 원자로 실험소의 이마나카 데쓰지 조교입니다. 그들이 정리한 「이타테무라 주변에서 실시한 방사선 조사 활동 잠정 보고」는 원전 주변이 얼마나 방사능에 오염되었는지를 조기에 알려 준 귀중한 자료입니다.

이마나카 팀은 3월 28일부터 29일에 걸쳐 이타테무라에 들어갔는데, 이 시기에 이타테무라 주민들은 자신들이 얼마나 위험한 오염 지대에 있는지를 몰랐습니다. 정부와 현이 지시를 내리기 전이었지만, 이마나카 팀은 이타테무라의 면장들에게 "여기 오염은 아주 위험한 수준입니다. 피난하는 게 좋아요."라고 충고했지요.

이마나카 조교와 같은 교토대학 원자로 실험소에 소속된 고이데 히로아키 조교는 원전과 핵연료 사이클 계획의 위험성을 전부터 계속 호소해 왔으며, 3·11 후에 원전 폐지를 주장하는 전문가로서 미디어에도 조금씩 등장하게 되었습니다.

교토대학 원자로 실험소에는 원전을 반대하는 학자 그룹이 있는데, 이들은 실험소가 오사카부 센난군 구마토리초에 있다는 이유로 '구마토리 6총사'라고 불립니다. 에비사와 도오루(1939년생), 고바야시 게이지(1939년생), 세오 다케시(1940~1994년), 가와노 신지(1942년생), 고이데 히로아키(1949년생), 이마나카 데쓰지(1950년생)가 그들인데, 현직에 있는 사람은 고이데 조교와 이마나카 조교 두 사람뿐입니다.

국립대학인 교토대학 소속이면서 '국책'인 원자력 추진에 의문을 제기하는 일은 '부모를 거스르는' 행위와도 같습니다. 여섯 학자들은 출세를 단념한 채 자신들의 신념을 지켜 냈다고 할 수 있지요. 실제로 이 여섯 명 중에 교수가 된 사람은 한 명도 없습니다.

현직에 있는 이마나카 씨와 고이데 씨도 환갑이 넘었지만 준교수 조차 되지 못하고 여태 조교입니다. 조교는 예전엔 '조수'라고 불렸습니다. 조교 위는 준교수(예전에는 '조교수')이고, 그 위가 교수입니다.

1970, 80년대에는 원전이 문제를 일으켰다는 뉴스가 나오면, 추진파뿐만 아니라 반드시 반대파 학자의 견해도 함께 소개했습니다. 그렇게 하지 않으면 문제를 공평하게 볼 수 없기 때문입니다. 그런데 그 후에는 반대파 학자와 평론가가 텔레비전을 비롯한 언론에 전혀 나오지 않게 되었습니다. 학계만이 아니라 언론계에서도 원전 반대파의 의견을 내보내는 것은 터부가 되어 버린 겁니다.

직장과 지역사회 등, 우리가 살아가는 현장에는 반드시 터부가 존재합니다. 터부와 싸우는 일은 엄청난 스트레스를 낳습니다. 때에 따라서는 일을 잃고, 가족이 붕괴되는 경우도 있을 테지요. 그 같은 피해가 두려워 사람들은 터부를 용인하고, 한술 더 떠 새로운 터부를 만들어 내 버립니다. 결국 우리는 한 사람 한 사람이 할 수 있는 데서부터 터부를 줄여 나가도록 노력할 수밖에 없습니다.

7장. 3·11 후의 일본을 산다

벼 베기를 하는 아이들

폭탄이 떨어지던 시절보다는 행복하다?

여기까지 읽고서 여러분은 마음이 무척 어두워졌을지도 모르겠습니다. 앞날이 깜깜한 이야기뿐이지 않느냐, 밝은 내용은 하나도 없지 않느냐고 화를 내는 사람도 있을 테지요. 하지만 이런 걸로 일일이 절망하면 인간은 살아갈 수 없습니다.

잠시 역사를 돌아봅시다. 저는 태평양 전쟁*이 끝나고 10년 후에 태어났기 때문에 전쟁을 경험하지 않았습니다. 하지만 제 부모님은 전쟁터에서 살아남았습니다. 아버지는 육군사관학교에 있었기 때문에, 종전 선언이 조금만 늦어졌더라면 특공대로 참전해 비행기째 미국 군함에 부딪쳐 죽었을 것입니다. 어머니는 1945년 3월 10일 도쿄 대공습 때 성루카 병원이라는 큰 병원의 간호사로 있었는데, 폭격으로 전신이 타 버린 사람들과 수족이 떨어져 나간 사람들이 복도에 가득 누워 있는 지옥도 속에서 구호 활동을 했다 합니다. 태평양 전쟁 기간에 일본의 사망자 수는 병사와 일반 시민을 합쳐 300만 명이 넘습니다.

일본이 이 전쟁을 시작하기 전에 신문을 비롯한 언론은 전쟁을 막기는커녕 외려 부추기는 데 혈안이 되어 있었습니다. 여론도 간단히 그 방향으로 흘러갔고요. 패전이 결정적이던 전쟁 말기에도 신문은 일본군이 유리하다는 거짓 기사를 써 댔습니다. 그런가 하면 이 전쟁

---

* 1937년 일본이 중국을 침공하며 시작된 전쟁으로, 제2차 세계대전 개전으로 보는 시각도 있다. 1945년 일본의 무조건 항복으로 끝이 났다.

은 잘못되었다고 주장하다가 이웃에게 밀고당해 경찰에 연행되어 고문을 받은 사람도 많았습니다.

여러분은 이것을 한참 전에 일어난 '역사'의 한 장면이라고 생각할지 모르지만, 전쟁에서 살아남은 사람들은 지금 휴대전화와 컴퓨터를 쓰며 우리 곁에 살고 있습니다. 즉, 그 전쟁은 우리와 '동시대인'이 겪은 일인 것이죠.

전쟁을 몸소 겪어 아는 아버지는 지금 시대가 전쟁 직전과 꼭 빼닮았다고 말합니다. 현재 정부와 언론은 어마어마한 거짓말을 아무렇지 않게 하고, 국민은 그 거짓말을 어렴풋이 알고 있으면서도 되도록 얽히고 싶지 않아 입을 다물고 있습니다. 정부가 결정하고 막대한 세금을 들이붓는 '국책'에 이견을 제시하는 사람은 부당한 대우를 받고, 많은 사람들은 그 모습을 멀찍이서 바라볼 뿐 아무것도 하지 않고 있습니다. 그런데 태평양 전쟁 시절에도 지금 같은 공기가 흘렀던 것입니다!

그러나 지금 우리가 사는 환경은 전쟁 당시와 비교하면 훨씬 행복한 겁니다. 전쟁 중엔 하늘에서 방사성 물질이 쏟아져 내리는 정도가 아니라 폭탄이 떨어졌습니다. 국책에 이견을 제시하면 일자리를 잃는 정도가 아니라 경찰에 잡혀가 고문을 당했습니다. 가만히 숨죽이고 있어도 징병을 당해 강제로 전쟁터에 보내져 비참한 죽음으로 일생을 끝냈지요.

전쟁 기간과 비교하는 건 극단적이라고 생각할지 모르지만, 역사를 잘 돌아보세요. 유사 이래 인간은 줄곧 전쟁만 해 왔습니다. 전쟁

3·11 이후를 살아갈 어린 벗들에게

을 하지 않는 시대에 태어나 사는 것은 굉장한 행운입니다.

또한 전쟁 때와 지금이 다른 것은 정보 통제가 완전하지 않다는 겁니다. 지금은 인터넷이라는 광대한 정보원이 있고, 터부를 겁내지 않고 텔레비전과 신문이 말하지 않는 것을 전하려 하는 출판사도 있습니다. 이 책이 세상에 나와 있는 게 좋은 예지요. 마음만 먹으면 얼마든지 정보를 손에 넣을 수 있다는 것만도 굉장한 일입니다. 지금 일본에서는 일자리를 잃어도 굶거나 얼어서 죽는 일은 일단 없을 테고요.

제가 여기까지 써 온 비극과 부조리에 대한 한탄과 분노도 그러한 틀 안에서 일어난 일입니다. 그렇게 생각하면 조금은 마음이 편해지지 않나요?

스스로 생각하고 자기 목숨을 지킨다

전쟁을 치를 때만큼 비참하지 않더라도 산다는 건 항상 죽음과 이웃하는 행위입니다. 여러분에게 꼭 전하고 싶은 말은, 언제 어떤 상황이 닥치든 자기 목숨은 스스로 지켜 내라는 겁니다. 누군가 지시해 주기를 기다리며 움직이지 않고 있다가는 목숨을 잃을 수도 있습니다.

텔레비전에서 원전이 폭발한 영상을 보았을 때 저는 망설이지 않고 곧장 도망쳤는데, 그 영상을 보고도 움직이려 하지 않는 사람들이 많아서 놀라웠습니다. 면에서 아직 아무 지시도 전달되지 않았다, 현에서도 아무런 지시가 없었다, 정부는 괜찮다고 말한다…… 눈앞에서 원전이 폭발했는데도 누군가 지시해 주기를 기다리고만 있다니,

도저히 믿을 수 없었지요.

물론 움직이든 안 움직이든 그런 상황에서 내리는 결정은 결국 도박입니다. 원전에서 나온 방사능 구름이 벌써 상공에 이르러 비나 눈을 뿌리는 상황이라면, 구름이 지나가 안정될 때까지 집 안에 가만히 있는 게 나은 경우도 있습니다. 지진 때문에 바깥이 엉망이 되었거나 폭동이 일어난 경우에도, 괜스레 움직이면 2차 피해에 말려들 위험이 높지요. 그런 판단도 모두 자기 머리로 하기 바랍니다. 스스로 판단을 내릴 수 있게 해 두세요.

3·11 당시 쓰나미 피해가 컸던 산리쿠 지방에는 '쓰나미덴덴코'라는 말이 있습니다. '덴덴코'는 뿔뿔이 흩어지라는 말로, 쓰나미가 왔을 때는 설령 부모 형제라 하더라도 사람을 살리려는 생각 따위 하지 말고 혼자서 곧장 높은 곳으로 도망치라는 뜻입니다. 언뜻 냉혹한 가르침으로 보일지 모르지만, 긴급 상황 때는 다른 사람을 구하려고 하다가 함께 큰일을 당할 가능성이 높기 때문에 그것을 방지하기 위해 만들어진 말이지요.

내 목숨은 내가 지킨다는 의식을 갖는 것은 어떤 의미에서 다른 사람을 믿는다는 말도 됩니다. 서로 어떡하고 있는지 걱정해서 집에 돌아가거나 찾으러 가면 양쪽 다 재해에 휘말려 목숨을 잃게 됩니다. 그러나 서로가 '자기 힘으로 잘 도망쳤을 거야.' 하는 믿음을 갖고 있으면 자기 행동에 전념할 수 있고, 그 결과 양쪽 다 살 가능성이 높아집니다.

방사능 누출 사고에 대해서도 같은 이야기를 할 수 있습니다. 방사성 물질은 눈에 보이지 않기 때문에 도망치지 않고 머문 사람은 자신이 피폭을 당했어도 깨닫지 못합니다. 또한 정보를 알고 있다 해도 '그 정도 위험성이면 여기에 남겠어.'라고 생각하는 사람도 있고, 반면에 대단한 오염이 아닌데도 멀리까지 도망치려는 사람도 있습니다.

쓰나미는 휩쓸리면 죽는다는 사실을 분명히 알고 있지만, 방사선은 눈에 보이는 확실함이 없는 만큼 사고방식도 사람마다 제각각이어서 의견 일치를 기다려 봐야 소용없습니다. 자기 머리로 판단하여 행동할 수밖에 없는 거지요.

이것은 후쿠시마에서 일어나고 있는 실제 상황입니다. 전업 농부 중에는 조금 오염이 되었더라도 거기서 수확된 작물에 방사성 물질이 포함되어 있지 않으면 문제가 없을 거라며 죽을힘을 다해 농지와 농업을 지키려는 사람들이 적지 않습니다. 한편, 무농약 유기농업, 순환형 지역사회라는 이상을 걸고 농사를 지어 온 사람 중 다수는 생활 기반인 땅과 물이 오염된 것을 견디지 못하고 신천지를 찾아 떠났지요.

어느 쪽이 옳다고는 말할 수 없습니다. 어느 쪽이 옳다고 결정할 필요도 없고요. 더욱이 '이제 우리 생활은 정부와 도쿄전력이 평생 책임질 거야.'라며 조금이라도 오래 보상금을 받으려고 농사를 손에서 놓아 버린 농부도 있습니다. 살아남기 위해 그렇게 하는 게 좋다고 판단한 거죠.

사는 방식이 다른 걸 비판하기보다, 자기 생활 방식에 자신감을 갖고 살아가야 합니다. 필요 이상으로 피폐해지지 않기 위해서도, 자기 생각을 제대로 가질 수 있도록 평소부터 정보를 취사선택하는 능력을 갈고 닦을 필요가 있습니다.

주어진 일만 하다가 일생을 마칠 것인가

가와우치무라에서 산 7년 동안 저는 젊은 사람들과 이야기할 기회가 별로 없었습니다. 벗들은 대부분 저보다 나이가 많았고, 마을에는 젊은 사람과 아이가 적었거든요. 그래도 드물게 젊은 사람과 이야기할 기회가 생기면 일 얘기, 마을을 앞으로 어떻게 키워 갈 것인가 하는 얘기를 적극적으로 나눴지요.

예를 들어 프로그래머 경험이 있는 청년이 직장을 잃었다는 이야기를 들으면, 컴퓨터와 인터넷을 이용해서 장사를 시작해 보는 건 어떻겠냐고 권하는 겁니다. 봉제 공장이 망했다고 하면 경영자에게 "하청만 하다 보면 중국의 값싼 노동력에 밀리는 것이 당연하다. 조금씩이라도 좋으니까 자사 브랜드를 설립할 만한 독자적인 제품을 개발해 보면 어떻겠는가. 그것도 갑자기 일류 브랜드와 경쟁하는 건 무리니까 여성용 훈도시[일본 전통 남성 속옷]나 털로 안감을 댄 한파용 바지, 오리지널 일러스트와 문자를 수놓은 하나뿐인 제품을 선물용으로 주문받아 만들어 준다든가……." 하는 식으로 구체적인 제안을 했습니다.

초등학교가 폐교되어 멀쩡한 2층 목조 건물과 체육관이 그대로 남아 있다는 얘기를 들으면 "학교 건물은 몇 년 동안 임대료를 받지 않는 사무실로 빌려 주고, 체육관은 대형 재활용 부품 따위를 두는 창고

나 물류 아이디어 사업 거점으로 쓰면 어떨까요?"하고 면장에게 얘기했지요.

그 밖에도 솎아베기[나무를 잘 자라게 하기 위하여 주변의 불필요한 나무를 제거하는 일]한 목재를 이용해 오리지널 고급 펫하우스와 완구 제작 키트를 만들거나, 엔고 현상[타국 화폐와 교환할 때 엔화 가치가 올라가는 현상]을 이용해 해외에서는 인기가 많지만 아직 일본에는 유통되지 않는 상품을 수입해 판다든가 하는 다양한 사업 아이디어를 제시했지만 누구 한 사람 호응하지 않았습니다.

원전 사고 후, 우연히 집 근처에서 한 청년과 이야기할 기회가 있었습니다. 그 청년은 원전 안에 들어가 방사선 측정을 하는 회사에서 근무했는데, 일에 관해서는 포기한 듯한 말투로 담담하게 이야기할 뿐이었습니다.

"사원은 반으로 줄었지요. 무서워서 다들 관뒀어요. 난 왜 남았냐고요? 그야, 달리 일이 없으니까요. 사고 후에는 월급도 올랐고……. 원전 옆 마을에 태어난 인간의 운명이니까, 어쩔 수 없겠죠. 그 대신, 사귀는 여자가 있는데 결혼은 포기했어요. 미래를 보장할 수 없잖아요. 언제 백혈병이나 암에 걸려 죽을지 알 수 없으니까. 가족을 지켜주지 못하는 아버지가 되긴 싫어요."

저는 그에게도 "혹시 사업을 일으켜 보겠다는 각오는 없어?"하고 물었는데, 그는 곧바로 "무리예요, 그런 거."하고 대답했습니다. 그에게 지금 소망은 뭐냐고 다시 물었더니, 규정 선량이 되기 전에 다른 원전으로 이동하는 거라고 대답했습니다. 피폭 선량이 규정치에 달하면 일을 할 수 없게 되기 때문입니다.

이것이 그가 '지금 바라는 것'인가……. 듣고 있던 제가 더 맥이 빠지더군요. 일은 스스로 정하는 것이 아니라 밖에서 주어지는 거라는 사고방식에는 아무래도 위화감을 느낍니다. 시골뿐만 아니라 도시 역시 마찬가지인 것 같습니다.

저는 학생 때 취직을 생각하지 않았습니다. 취직은 자유로운 인생의 끝을 의미한다고 생각했기 때문이지요. 영리를 목적으로 한 조직의 말단에 들어가는 것은, 그날부터 상사의 명령에 따라 그 조직이 돈을 벌기 위한 일에 인생을 바친다는 뜻입니다. 제 감각으로는 도저히 받아들이기 힘들었습니다. 그것은 지금도 변함없고요.

그래서 불과 얼마 전까지 학생식당에서 함께 철학에 대해 떠들던 친구들이 머리를 자르고 양복을 입고 회사를 돌아다니는 모습에 충격을 받았습니다. 예를 들어, 자동차가 좋아서 이상적인 자동차를 만들기 위해 자동차 회사에 들어가고 싶은 거라면 이해하겠습니다. 꿈을 실현하기 위한 수단으로 취업하는 거니까요.

그러나 많은 학생들이 그 기업에서 자기가 무엇을 하고 싶은가가 아니라 기업의 안정도, 정년 때까지 얼마나 벌 수 있는가 등을 보고 취직자리를 정하는 것 같더군요. 앞으로 몇십 년이나 남은 인생을 그런 걸 기준으로 결정해도 괜찮은 걸까요? 그것은 '재미있는 인생'일까요? '보람 있는 인생'일까요?

어떻게 살든 산다는 건 상당히 힘든 일입니다. 특히 이제부터 세상은 어떻게 될지 알 수 없지요. 지금은 일류 기업이라고 추앙받는 회사가 천재지변이나 세계정세 변화로 인해 무너지는 건 순식간입니다.

기업의 안정성 따위를 이유로 삶의 방식을 결정해 버려도 정말 괜찮을까요? 지구라는 재미있는 세계에 태어나 한 번밖에 살 수 없는데, 게다가 운 좋게도 전쟁이 없는 시대, 굶주림이 없는 사회에 태어났는데 말이죠.

내가 무엇을 할 수 있는가보다 '무엇을 하고 싶은가'를 생각해 행동했으면 합니다. 무엇을 하고 싶은가? 무엇을 하며 살아가면 행복해질까? 미리 못한다고 결론짓고 시도조차 하지 않으면, 아무것도 실현되지 않습니다.

영원한 성장은 불가능하다

후쿠시마 제1원전 사고 후 '원전을 멈추라'는 목소리가 높아졌지만, 반면에 '그것은 과학기술을 부정하는 감정적 주장이다', '그런 소리를 하고 있으면 문명의 진보가 멈춘다', '그런 풍조는 사람들에게서 활기와 꿈을 빼앗아 사회가 폐쇄적으로 변하기 때문에 좋지 않다' 등의 얘기도 자주 들립니다. 어째서 그런지 모르겠으나 사회적 지위를 갖고 있는 노인들 중에 그런 주장을 하는 사람이 많더군요.

이시하라 신타로 도쿄 도지사는 『산케이신문』에 연재 중인 에세이 난에 「원전에 관한 감상주의의 어리석음」이라는 제목으로 글을 발표했는데, 거기서 이렇게 말합니다.

"인간만이 가진 뛰어난 지혜의 소산인 원자력을 한번 사고가 났다고 부정하는 건, 언뜻 이념적인 일로 보이지만 실은 약해 빠진 감상에 휩싸인 야만적 행위일 뿐이다."

"풍요로운 생활을 떠받치는 에너지 양에 관한 확실한 계량도, 대안도 없이 인간 지혜의 소산을 머리에서부터 부정하고 덤비는 자세는 사회 전체로 보아 위험한 일일 뿐이다."

이런 사고방식의 문제점은 두 가지입니다. 하나는 원자력이 '뛰어난 지혜의 소산'이나 '인간 지혜의 소산' 따위로 부를 수 있는 게 아니라는 점입니다. 나오는 방사성 쓰레기를 처리할 기술이 없는데도 시스템을 가동해 버리는 무모함이야말로 지혜의 결여이며 야만적인 행위입니다. 부엌에 똥을 자꾸 갖다 쌓는 생활이 '뛰어난 지혜'라는 걸까요? 그렇게 절제 없고 무책임한 행동이야말로 '뛰어난 지혜'와는 한참 먼 것이지요.

또 하나는 우리가 '풍요로운 생활'이라는 것에 대한 빈약한 고정관념에 묶여 있다는 점입니다. 경제계와 정치계에서 성공하여 지위와 권력을 얻은 노인들 중에는 태평양 전쟁 후의 고도 성장 경험이 너무 강렬해서, 그거야말로 인간 행복을 보증하는 것이라고 믿는 사람이 많은 모양입니다.

어린 시절에 사방이 불타 허허벌판이 된 도쿄를 본 그들이, 그 후 텔레비전, 냉장고, 세탁기, 자가용 차 등 그때까지는 상상도 못한 것들을 손에 넣고 이거야말로 '풍요로움'이다, 이것을 잃으면 다시 옛날처럼 가난하고 어려운 세상으로 돌아가 버린다, 어떻게든 이 '풍요로움'을 지켜야 한다며 물질적 가치에 연연하는 것은 어쩔 수 없는 일인지도 모르지요.

그러나 소비하는 에너지의 양이 생활의 풍요로움을 나타내는 지표라면, 불행은 예정된 것입니다. 왜냐하면 성장만 계속하는 건 물리학적으로 있을 수 없는 일이기 때문입니다. 지구라는 생명 환경은 유한하며, 팽창하지 않으니까요.

인류 역사를 돌아보면 번영을 누리던 문명이 쇠퇴하여 멸망한 예를 여럿 찾을 수 있습니다. 고대 이집트 문명, 메소포타미아 문명 등의 무대가 된 땅은 당시에는 비옥하고 삼림 자원도 풍부했지만, 지금은 거의 대부분 사막 지대로 바뀌어 있습니다. 고대 문명은 풍부한 삼림과 비옥한 토양이라는 '자원'을 이용해 발전한 건데, 그에 따라 인구가 늘어나면 사람들은 거주지와 농지를 얻기 위해 더욱 삼림을 베어 버리고 토지의 양분을 남김없이 수탈하고, 마지막에는 토지를 사막화시켜 끝을 보는 거지요.

그런데 석탄과 석유라는 지하자원을 이용하게 된 뒤로, 인류가 얻을 수 있는 자원, 그 자원이 생산하는 에너지의 양은 차원이 다르게 늘어났습니다. 지하자원은 과거 오랜 시간에 걸쳐 만들어진 '저금' 같은 겁니다. 옛날 사람들은 이 저금의 이용법은 고사하고 존재조차 몰랐기 때문에, 지상의 삼림과 농지 자원이 제공하는 에너지 범위 내에서 문명을 발전시켰다가 멸망하기를 반복했습니다. 그러다 지하자원이라는 저금을 발견한 이후 인구가 폭발적으로 늘었지요. 그런데 지하자원에는 한계가 있습니다. 이대로 가면 과거 문명이 그랬듯이 넘쳐 나는 인구를 지탱하지 못해 석유 문명도 쇠퇴하고 결국 멸망하게 됩니다.

그렇게 되기 전에 새로운 기술, 새로운 자원을 찾아야만 한다는 생각에 원자력에 기대를 걸고, 막대한 세금을 투입해 추진해 온 것입니다. 그러나 원자력은 아무래도 미완성인 기술이어서 위험하기 그지없고, 영속성도 없습니다. 이대로 계속하다가는 죽도 밥도 안 된다는 걸 안 사람들이 그다음으로 기대를 걸게 된 것이 자연 에너지입니다. 그 둘이 '내가 옳다'며 싸움을 벌이는 게 지금 일본의 상황이고요.

여기서 중요한 건, 이 문제가 원자력이냐 자연 에너지냐 하는 양자 택일의 문제가 아니라는 점입니다. 양쪽의 결점을 냉정하게 바라봐야만 하지요. 지금까지 설명했듯이, 원자력은 극히 위험한 쓰레기를 배출하면서도 그것을 처리할 능력이 없고, 그 관리에는 영겁이라 해도 좋을 만큼 긴 시간이 걸리는 결함투성이 기술입니다.

자연 에너지의 대표인 태양광 발전과 풍력 발전은 '발전'에밖에 쓸 수 없고, 발전 시스템으로서도 결정적인 약점을 여럿 갖고 있습니다. 또한 석유와 금속 자원이 고갈되는 장래에는 유지할 수 없지요.

고대인이 석탄과 석유를 발견하고 신기술을 손에 넣었듯이, 우리가 지금 상상도 할 수 없는 것을 앞으로 찾아낼지도 모르지만, 그런 꿈 같은 자원을 발견하기 전에 지하자원이 고갈된 시대를 맞을 가능성이 클 테지요. 그렇다면 지금 문명은 '기간이 정해진 떠들썩한 축제 문명'이라는 사실을 솔직하게 인정하는 거야말로 참된 '인간의 지혜' 라고 생각합니다.

모든 일에는 적정 규모라는 게 있습니다. 아무리 시간이 지나도 성장을 멈추지 않는 생물이 있다면 금방 절멸하겠지요. 키가 2미터, 3미터가 되고 체중이 200kg, 300kg이 되어도 계속 성장하는 인간은 없습니다. 있다면 그건 병일 뿐이며 오래 살 수 없습니다. 숲 하나에 살수 있는 생물의 수에는 한계가 있습니다. 그 수를 넘어서면 굶어 죽기 때문에 자연히 '적정 규모'가 유지됩니다.

지구 규모에서도 마찬가지입니다. 현대 문명, 증가한 인구는 석유를 중심으로 한 지하자원이 가져다준 '일시적' 현상이며 계속 이어 갈수는 없지요. 지극히 당연한 이 현실을 현대인은 인정하려 하지 않습니다. 여전히 원자력에 기대를 걸고 있는 사람들은 특히 그렇습니다. 그 사람들이 지위를 얻어 권력을 행사하고, 국민한테 거둬들인 세금을 잘못된 곳에 쓰고 있다는 데 큰 불행이 있습니다.

가치관이 다양한 세상에 살고 싶다

참된 '지혜'란 알고 있는 사실을 솔직하게 인정하고, 거짓말하지 않고, 최선을 다하는 것이라고 생각합니다. 모르는 걸 알려고 노력하는 것은 중요하지만, 이미 알고 있는 걸 속이거나 자기 사정에 맞게 비틀어서 생각하는 건 '지혜'와는 거리가 먼 행위입니다.

우리가 아는 사실을 한 번 더 정리해 보겠습니다.

① 지구 환경은 일정 규모로 고정되어 있으며, 팽창하거나 성장하지 않는다.

② 현대인은 지구에 쌓여 있던 지하자원이라는 알짜배기 저금을 발견해 마구 써 대기만 하고 있다.

③ 지하자원은 머지않아 고갈될 것이다. 그러면 현대의 석유 문명은 더 이상 유지될 수 없고, 지구 환경이 포용할 수 있는 인구도 격감할 것이다.

여러분은 이 사실을 인정하고 싶지 않을지도 모릅니다. 저도 가능하다면 낙관적으로 바라보고 싶지만, 아무리 노력해도 이 사실을 부정할 순 없습니다. 인정한 후에, 그렇다면 어떻게 현재를 살아가야 할 것인가 고민해야 합니다.

제가 내린 결론은 이렇습니다.

① 동시대를 사는 사람과 모든 생물에게 가능한 한 피해와 부담을 덜 주며 살고 싶다.

② 그러나 한 번뿐인 내 인생은 최대한 즐겁게, 행복하게 살고 싶다.

①과 ②는 상반되는 요소를 갖기 때문에 여러 경우에 서로 부딪힙니다. 그래서 '균형'이 중요한 과제가 되지요. 균형을 잡을 수 없게 되면 인간은 거짓말을 하고 속이게 됩니다. 인간은 불완전한 생물이라서 이런 약점을 갖는 건 당연한 일이지만, 그것도 정도 문제이지요. 거짓말과 속임수가 도를 넘어서면 원자력촌처럼 무책임한 이권 집단이 형성되어, 후쿠시마 같은 비극이 일어나고 맙니다.

예를 들면, 패션 업계는 유행을 일으켜서 소비 회전을 빠르게 하여 이익을 얻는 구조입니다. 자원 수명을 늘리고 에너지 소비를 줄여야 한다는 관점에서 보면 좋지 않지만, 유행과 멋 자체를 부정하고 싶지는 않습니다. 인간의 상상력, 창작욕, 놀고 싶은 마음은 살아가는 기쁨을 느끼는 데 중요한 요소이기 때문입니다.

그러나 전 몇십 년이나 싸구려 바지와 싸구려 양복을 입으면서도 불행하다고 느낀 적이 없습니다. 가장 돈을 쓰고 싶은 일, 가장 즐거움을 느낄 수 있는 일이 따로 있으니까요. 자신에게 무엇이 소중한지, 무엇에 즐거움을 느끼고 흥미가 생기는지는 사람마다 다릅니다. 그리고 그 때문에 이 세상의 균형도 맞는 겁니다.

장래에 정말로 자원이 고갈된다면, 국가가 법률로 '자원 낭비를 방지하기 위해 국민은 모두 국가가 정한 소재, 디자인의 국민복을 입어야만 한다'고 결정할지도 모릅니다. 실제로 그런 국가가 있었는데, 그야말로 불행한 세상입니다. 그런 세상이 되지 않도록 지금부터 자기 행복을 똑바로 찾아내고 '적정 규모'로 인생을 즐기는 기술, 정신을 익혀야만 합니다.

인간이 풍요와 행복을 느끼기 위해 꼭 에너지를 넉넉히 써야만 하는 건 아닙니다. 우리 부부의 아부쿠마 산속 생활은 돈이 거의 들지 않았습니다. 가장 가까운 대형 슈퍼가 20km 이상 떨어져 있었기 때문에 장을 보는 건 한 달에 두세 번뿐이었고, 그날을 빼고는 지갑에서 돈 나갈 일이 거의 없었습니다. 장 보는 게 큰일이어서 낫토와 된장국만으로 밥을 먹거나, 이웃에서 얻은 무와 푸성귀로 적당히 때우는 일

저자의 집 마당을 날아다니는 실잠자리

이 많아졌습니다. 하지만 그것을 '가난한' 생활이라고 생각한 적은 없습니다.

날마다 눈앞에 있는 잡목림을 바라볼 수 있고, 여름엔 집 앞을 흐르는 계곡에서 한나절을 놀아도 질리지 않지요. 연못에 개구리가 알을 낳았다며 좋아하고, 올챙이가 변태해서 땅에 올라오면 카메라를 들이대고 열심히 사진을 찍습니다. 이렇게 분에 넘치는 생활을 해서 벌을 받는 건 아닐까 걱정이 될 지경이었지요. 그런 만큼 원전이 폭발했을 때는, 아아 역시 세상은 그렇게 쉽지 않구나 생각했고요.

마이너스 성장 시대를 즐긴다

에너지 소비는 생산과 유통 규모에 따라서 얼추 정해집니다. 많은 물건을 만들고 유통하는 일이 경제 성장을 지탱한다고 생각하는 사람이 많은데, 대량 생산과 대량 소비는 인간의 행복과는 별로 관계가 없습니다.

예를 들어, 쉴 틈 없이 출시되는 신형 카메라를 계속 사들일 수 있는 사람은 행복할까요? 그만큼 돈이 있으니까 행복한 사람이라고 생각할지 모르지만, 제 생각에는 낡은 카메라 한 대밖에 없어도 찍고 싶은 피사체가 많은 사람이 진짜 행복할 것 같군요. 아부쿠마 산속에서 지내는 동안에는 집 주변에 매력적인 피사체가 가득했습니다.

모기가 있는 나라와 모기가 없는 나라 이야기도 유명합니다. A국과 B국은 모든 것이 똑같습니다. 다른 것은 하나뿐. A국에는 모기가 없고 B국에는 모기가 있습니다. 어느 나라에 살고 싶은지 물으면 대부분은 모기가 없는 A국에 살고 싶어 할 테지만, 이 두 나라를 비교하면 국민총생산은 B국이 더 많습니다. 왜냐하면 모기가 있어서 모기향, 살충제, 모기장 제조와 소비가 더해지기 때문입니다.

이 이야기는 '고용 확대'라는 명목으로 불필요한 도로와 이용객 없는 공공시설을 만들어 대는 일본 정치를 떠올리게 합니다. 정치와 행정에 세금을 쓰는 것은 행복해지기 위한 수단이지 목적이 아닙니다. 그런데 언제부터인가 더 많은 돈을 쓰는 것이 행복이라고 착각하기 시작했습니다. 그 잘못된 정치와 행정으로 돈을 버는 일부 사람들이 국민을 그런 그릇된 생각으로 이끄는 것이 문제입니다.

쓸 수 있는 자원에는 한계가 있으니, 지금 같은 대량 소비형 사회는 계속될 수 없지요. 미래 세대가 떠안을 부담을 덜어 주려면 소비를 서서히 줄여 나가야 합니다. 인구를 서서히 줄이고, 자원 고갈 시대에 반드시 찾아올 기아와 전쟁의 규모를 조금이라도 줄이는 것이 미래 세대를 위한 진정한 지혜가 아닐까 합니다.

그런데 그러기 위해서 '○○을 하지 마!', '○○을 참아!' 하고 호령해도 소용없지요. 인간은 쓸 수 있는 것이 눈앞에 있는 한, 욕망을 채울 수 있는 동안에는, 그것을 포기하거나 참기 어려우니까요. 그래서 '○○ 하지 마!' 하고 옥죄기보다 한 사람 한 사람이 행복의 기준을 바꿀 필요가 있습니다. 다시 말하면 '가치관 전환'입니다.

시시한 상품을 잇달아 대량 소비하면서 일시적인 행복을 느끼기보다 멋진 것, 가치 있는 것을 오래 쓰는 게 행복하다고 느끼는 사람이 많아지면 가격이 조금 비싸지더라도 질 좋고 오래 쓸 수 있는 물건을 만들게 되기 때문에, 무의미한 대량 생산·대량 소비는 자연히 줄어들 테지요.

또한 디지털 기술의 진보에 따라 음악, 글, 영상 등의 문화는 질량이 없는 파일로 소유할 수 있게 되어, 예전처럼 반드시 '물건'으로 문화를 제공할 필요가 없어졌습니다. 고속 통신 인프라를 정비함으로써 물자 유통은 줄일 수 있습니다.

이렇게 다가오는 시대는 행복의 기준을 '마이너스 성장에 적합'하게 만들어 가는 것이 필수입니다. 그것을 인정하기 싫어서 지금 같은 대량 생산·대량 소비 사회가 풍요롭고 행복하다는 생각에서 벗어나지 못하면, 미래에 찾아올 비극은 점점 커져 갈 것입니다. 마이너스 성장 시대를 적극적으로 인정하고, 지구 환경 속에서 무리 없이 살아간다는 근본적인 행복을 재확인하는 것이야말로 현대인에게 주어진 최대 과제겠지요.

'시골에서 사업 일으키기'를 권한다

에너지와 자원의 총 소비량은 계속 줄고 사람들의 행복은 커져 가는 이야기를 하다 보면 '시골 생활'도 하나의 키워드가 됩니다. 인구가 도시에 밀집하면 에너지를 집약적으로 쓸 수 있다는 이점보다, 도시에 에너지를 집중시키기 위해 지방 환경 균형이 무너져 간다는 단점이 커집니다. 또한 재해가 일어났을 때의 위험 부담 역시 확실히 높아지고요.

세상에는 도시 생활이 좋은 사람과 시골 생활이 좋은 사람이 있는데, 자신이 원하는 곳에 사는 사람은 의외로 적습니다. 30대 때부터 주에쓰와 아부쿠마, 인구가 아주 적은 두 지역에서 살아 보고 그 사실을 통감했습니다.

도시에서 사는 사람 중에는 자연에 둘러싸여 느긋하게 살고 싶어 하는 사람이 많습니다. 그렇게 하지 못하는 이유는 시골에 일이 없거나 아이의 교육 환경이 바뀌기 때문입니다. 거꾸로 시골에서 대대로 살아온 사람들 중에는 이제 이렇게 불편한 곳에서 살고 싶지 않다, 가능하다면 도시에 나가 살고 싶다는 사람들이 있습니다. 그들이 그러지 못하는 건 조상 대대로 이어 온 농지와 묘지를 버리는 일에 대한 죄책감, 도시에 나가도 일을 찾지 못할 거라는 불안 때문입니다. 이 둘이 서로 자리를 바꾸어 좋아하는 생활을 할 수 있도록 행정 차원에서 조정해 줄 수는 없을까요?

시골에서 살고 싶어 하는 도시인의 다수는 환갑을 넘긴 세대입니다. 자식들은 이미 장성해 독립했습니다. 일을 하던 사람은 정년을 맞아 퇴직금도 받았고, 드디어 연금도 나옵니다. 체력은 아직 남아 있고, 지금까지의 인생 경험을 살려 실패를 덜 하면서 사는 법도 체득했고, 지금이 생활을 바꿀 마지막 기회라고 생각하는 세대입니다. 이런 사람들이 농업과 목공, 도예 등, 본래 하고 싶었던 일을 하면서 여생을 보내고 싶다며 시골을 찾고, 인구가 극히 적은 지역에 자리를 잡습니다. 아부쿠마에도 그런 사람들이 많았습니다.

한편 인구가 적은 지역에서 태어나 자란 사람들 중에는 젊을 때 도시에 나가 가정을 꾸리고, 그대로 도시에 눌러앉아 살고 싶어 하는 사람이 늘고 있습니다. 그들 입장에서 보면 늙은 부모를 모시기 위해 고향으로 돌아가 시골 생활을 하는 건 고통스런 일입니다. '의무'이기 때문에 어쩔 수 없이 고향으로 돌아가 시골 생활을 계속한다면, 삶의 보람이나 땅에 대한 애정을 느끼기 힘들지요. 인구가 적은 지역에 살며 그러한 도식을 보고 있자니, 인구가 적은 지역이 고령화되는 건 자연스러운 일이라고 생각하게 되었습니다.

'조상 대대로 이어 온 토지' 같은 속박을 버리고 농지와 주택, 비어 있는 곳은 원하는 사람에게 싸게 빌려 주는 건 어떨까요. 일정 기간(예를 들면 5년) 거기서 생활하면서 실적을 쌓으면, 그 사람 한 세대에 한해서 토지 임차권과 지상권*을 주는 거죠. 그 대신, 그 권리는 조건 없이는 아이에게 상속할 수 없습니다. 그 사람이 늙어서 혹은 병들

---

* 다른 사람의 토지를 사용할 수 있는 권리.

거나 사고를 당해 움직일 수 없게 되거나 독립생활을 할 수 없게 되면, 지역이 운영하는 복지시설로 옮기고, 빈 집과 농지는 들어가 살고 싶어 하는 다음 사람에게 넘기는 겁니다.

즉, 혈연에 의한 '상속'이 아니라 시골에서 살고 싶은, 거기서 자연과 공생하며 살고 싶은 의지가 있는 사람에게서 사람에게로 공간 대여가 '계속'되게 함으로써, 시골이 적정 규모, 건전한 모습을 유지할 수 있는 시책이지요.

그러나 이런 시책만으로는 인구가 적은 지역의 경제적 자립력이 부족하기 때문에, 농업과 임업만이 아니라 통신 인프라와 기본적인 물류 인프라를 사용한 '외화 획득' 사업을 권합니다. 틈새 상품 개발 판매도 생각할 수 있습니다. 수제, 주문 제작품 인터넷 통판 등은 아이디어에 따라서 얼마든지 도전해 볼 만합니다.

방사능 오염 시대를 살아가려면 조금쯤 DNA가 파괴되더라도 금방 회복할 수 있도록 육체와 정신을 건강하게 유지하는 것이 무엇보다 중요합니다. 옛날부터 전승되어 온 건강식과 새로이 시험해 볼 가치가 있는 건강법 등을 지역 산업에 도입한 건강식품 산업도 유망하겠지요.

토지는 많으니, 이미 개발해 버린 토지와 시설을 유용하게 활용하는 사업도 내놓을 수 있습니다. 다만, 골프장과 스키장 같은 거대 개발은 자연 파괴의 정도가 크고 이미 일본 전국에 넘쳐 나므로, 훨씬 소규모이면서 만족감, 행복감으로 연결되는 것을 생각해야 합니다. 개를 마음껏 달리게 하고 함께 놀 수 있는 공간이나, 자연 관찰 교실,

자연과 융합한 아트 페스티벌, 길고양이를 관광 자원으로 한 '고양이 마을' 선언이나, 마니아를 겨냥한 '두근두근 파충류 랜드' 등 아이디어는 얼마든지 나올 것입니다.

풍요로운 자연환경에 이끌려 디자이너, 프로그래머, 예술가 들이 이주해 오면 지적 생산물을 만들어 낼 수 있기 때문에 제조업 기업을 유치하지 않아도 밖에서 돈이 들어옵니다. 이러한 활동에 삶의 보람을 느끼는 사람은 젊은 세대에도 반드시 있을 터이니, 노년 세대의 경험과 젊은 세대의 에너지를 잘 연동해 나가는 것이 성공의 열쇠가 되겠죠.

여러분도 시골 생활에 흥미를 느낀다면, 꼭 진지하게 생각해 보세요. 취직하는 것만이 인생 설계는 아닙니다. 자기 스스로 일을 찾고 만들어 가는 인생은 하루하루 활기가 넘치고 충만함과 행복감도 클 테니까요.

남은 이야기

제가 아부쿠마 산지의 인구 과소 지역에 이주한 가장 큰 이유는 그곳에 일본 본래의 자연환경이 아직 남아 있기 때문입니다. 그 자연 속에서 여생을 보낼 작정이었습니다. 하지만 그것만으로는 단순한 이기심일 뿐이기 때문에, 자연환경을 더 이상 망가뜨리지 않고 이 땅에서 인간이 '적정 규모'로 행복하게 살아가기 위한 제언을 하면서 주위 사람들과 우정과 신뢰를 쌓아 가고 싶었습니다.

자연을 자연 그대로 유지한다는 건 사업적인 관점에서 보면 쓸모없어 보일지도 모릅니다. 그러나 넓은 시야로 보면, 일본 열도에 풍요로운 자연이 남아 있기 때문에 도시 생활도 가능한 것입니다. 시골 사람들이 인프라 따위를 도시 사람들의 경제 활동에 의지하고 있는 것과 마찬가지로, 도시 사람들은 공기와 물처럼 생명 유지에 필요한 자연환경 기반을 시골에 의지하고 있습니다. '피차일반'인 것이지요. 시골 사람들이 모두 도시적 욕망에 휩쓸려 도시와 똑같은 생활을 하려고 든다면 일본의 자연환경은 망가져서 도시와 시골이 함께 망할 것입니다.

시골에 사는 사람들은 도시에 사는 사람들의 도움으로 필요한 인프라를 제공받는 대신에 이 자연을 지킬 의무가 있다고 생각합니다.

2011년 6월 14일 경계 구역 입구에서 주운 새끼 고양이.
그 후 가족이 되었다.

그런데 저는 3·11 전부터 그것이 얼마나 어려운 일인지를 나날이 배웠습니다. 그 와중에 후쿠시마 제1원전이 폭발해 단번에 밑바닥까지 떨어진 겁니다.

이미 아부쿠마의 벗들 중 대부분이 새로운 터전을 찾아 홋카이도, 오카야마, 사도, 나가노, 야마가타 등으로 뿔뿔이 흩어졌습니다. 2012년을 맞이하기 직전, 우리도 아부쿠마 산속을 떠나 도치기 현 전원 지대로 생활 거점을 옮겼습니다. 닛코 시 변두리에서 빈 집을 발견했고, 가와우치무라의 경계 구역 경계선에 버려져 있던 새끼 고양이 두 마리도 데리고 왔습니다. 지금은 많이 자라서 이제 새끼 고양이라고 하기 어렵지만요.

부당하게 아부쿠마에서 쫓겨났다는 억울함은 사그라지고 있지만, 아부쿠마 산속의 자연이 오염된 것, 앞으로 더욱 파괴되려 하는 모습을 봐야만 하는 것이 견딜 수 없네요. 단순한 자연재해였다면, 설령

전 재산을 잃었다 해도 그 땅에 머물며 다시 일어서려 했을 테지요. 그러나 눈앞에 상상을 초월하게 복잡한 문제가 출현했습니다.

문제의 근본은 인간의 마음에 있었습니다. 각지로 흩어져 간 벗들도 모두 같은 얘기를 합니다.

"3·11 전부터 마음의 오염, 마음의 피폭은 계속되고 있었던 거야. 그게 썩은 조직처럼 몸속에 응어리져 있다가 3·11로 상처가 벌어지니까 몸 밖으로 쑥 나와 버린 거지. 그러니까 상처를 덮고 고름을 닦아 내도 문제는 해결되지 않아. 몸속에 쌓인 고름을 짜서 없애지 않는 한 아무것도 변하지 않아."

"원전에 매달려 있던 마을 주위에 멋진 자연이 남아 있어서, 우리는 그 자연의 아름다움만 보고 여기 살고 싶어서 왔어. 숨겨진 위험, 뿌리 깊은 어둠은 보지 않았던 거야. 세상은 그렇게 만만치 않다는 걸 뼈아프게 배운 셈이야."

지금 저는 뿔뿔이 흩어진 벗들과 네트워크를 이어 가며, 아부쿠마의 자연을 사랑하여 모인 마음과 거기서 배운 것들을 어떻게든 다음 세대에게 전하고 싶습니다.

이 책은 앞으로 '3·11 후의 세계'를 오래 살아갈 젊은이들에게 지금 제가 알고 있는 것을 숨김없이 전하고, 그것들에 대해 함께 생각해 줬으면 하는 조금 무모한 바람을 담아서 썼습니다.

문제가 너무나 깊고 복잡해서 한 번 읽어서는 이해하기 힘들 겁니다. 기분이 개운치 않거나 이건 이상하지 않냐고 의심이 드는 부분도 많을지 모르지요. 그러한 의문을 느끼는 것이 중요합니다. 조금이라도 납득이 가지 않거나 이해가 되지 않는 문제는 주제별로 스스로 조사해서 생각해 주세요. 답은 하나가 아닐 테고, 제가 상상도 하지 못했던 답을 여러분이 발견할지도 모릅니다.

동어반복일지도 모르지만, 마지막으로 중요한 문제 두 가지를 얘기하면서 이 책을 끝맺겠습니다. 하나는 인생에서 한 치의 망설임도 없이 정답이라고 확신할 수 있는 것들은 적다는 겁니다.

예를 들어 여러분이 신문사나 텔레비전 방송국 같은 대형 언론사 사원이라고 합시다. 여러분은 사회의 부정을 고발하고 정의를 전달한다는 이상을 안고 언론사에 취직했습니다. 그러나 상사는 여러분과 생각이 다를 뿐만 아니라 사실을 은폐하려고 합니다. 더욱이 그것이 윗사람들의 지시이며 의지라는 걸 알게 되었습니다.

절망한 여러분은 '이런 회사는 관두겠어!' 하고 사표를 던질 수도 있고, 아슬아슬한 타협을 계속하며 기회가 오기를 기다릴 수도 있습니다. 이럴 때 어느 쪽을 선택하는 것이 정답인지는 간단히 말할 수 없습니다.

그곳에 소속되어 일할수록 세상을 나쁜 방향으로 끌고 간다는 확신이 서면 그만두고 부정을 고발하려 노력하는 게 옳을지도 모르지요. 하지만 거대 언론사를 그만두고 혼자서 진실을 전달할 수 있는 힘은 극히 약하기 때문에, 그 직장에 남아 뜻이 맞는 동료들을 규합해 서서히 싸워 가는 게 훨씬 효율적일 수도 있습니다. 그럴 때 안이하게 문제에서 도망치지 말고 목숨을 걸고 생각해서 행동하기 바랍니다. 그렇게 강한 의지가 모이면 세상은 조금씩 변해 갈 것입니다.

또 하나는 '목적'과 '수단'을 혼동하지 말라는 겁니다. 대부분의 사람들에게 삶의 최종 목적은 행복해지는 것, 행복하게 일생을 끝내는 것이라고 생각합니다. 인간은 혼자서는 살아갈 수 없는 사회적 동물이기 때문에 나와 연결되어 있는 다른 사람들 또한 나와 마찬가지로 행복하기를 바라는 게 보통이지요. 이것이 인생의 궁극적 '목적'이라면 다른 것은 그 목적을 현실로 만들기 위한 '수단'에 지나지 않습니다. 돈을 버는 것과 안전한 생활을 영위하는 것도 실은 '행복'이라는 목적을 위한 수단입니다. 수단이 목적보다 우선시되면 어딘가에 반드시 뒤틀림과 모순이 생깁니다. 앞으로 살아가는 동안 판단이 망설여질 때는 꼭 생각해 주세요. 수단을 위해 목적을 희생시키고 있지는 않은가 하고요.

앞으로 자원을 둘러싼 전쟁이 일어날 수도 있고, 3·11보다 큰 재해가 닥칠 수도 있습니다. 마음대로 안 되는 운명과 거대한 힘에 흔들리면서 사람은 살아갑니다. 우리가 할 수 있는 일은 자기 자신에게 거짓말하지 않고, 직면한 문제로부터 안이하게 도망치지 않고, 주어진 상황에서 최대한 깊이 생각하며 최선이라고 믿는 삶을 살아가는 것, 그것밖에 없습니다. 이것이 후쿠시마에서 겪은 체험을 통해, 지금 제가 여러분에게 전할 수 있는 정직한 메시지입니다.

2012년 3월 11일
다쿠키 요시미쓰